MTO

Psychische Regulation
von Arbeitstätigkeiten 4.0

vdf Hochschulverlag AG
an der ETH Zürich

Winfried Hacker

Psychische Regulation von Arbeitstätigkeiten 4.0

Band 51 : Mensch . Technik . Organisation

Eine Schriftenreihe
herausgegeben von Eberhard Ulich,
Institut für Arbeitsforschung
und Organisationsberatung

**Bibliografische Information
der Deutschen Nationalbibliothek**

Die Deutsche Nationalbibliothek verzeichnet diese Publikation in der Deutschen Nationalbibliografie; detaillierte bibliografische Daten sind im Internet über http://dnb.dnb.de abrufbar.

Das Werk einschliesslich aller seiner Teile ist urheberrechtlich geschützt. Jede Verwertung ausserhalb der engen Grenzen des Urheberrechtsgesetzes ist ohne Zustimmung des Verlages unzulässig und strafbar. Das gilt besonders für Vervielfältigungen, Übersetzungen, Mikroverfilmungen und die Einspeicherung und Verarbeitung in elektronischen Systemen.

Seniorprofessor Dr. Winfried Hacker
TU Dresden Fakultät Psychologie
Arbeitsgruppe «Wissen-Denken-Handeln»
Objekt Falkenbrunnen
Chemnitzer Strale 46b
01187 Dresden
E-mail: winfried.hacker@tu-dresden.de

ISBN 978-3-7281-4039-5

© 2021, vdf Hochschulverlag AG an der ETH Zürich

Inhaltsverzeichnis

Vorwort 9

1 Sozioökonomische Entwicklung, Automatisierung der Informationsverarbeitung (Digitalisierung) und psychische Regulation von Erwerbstätigkeiten 11

2 Arbeitsauftrag – Arbeitstätigkeit als zentrale Komponente von Arbeitsprozessen 21

3 Handlung als psychologische Einheit von Tätigkeiten: Tätigkeit – Handlung – Operation 25

4 Determination der psychischen Regulation von Erwerbstätigkeiten durch den Arbeitsauftrag und seine Ausführungsbedingungen 27

5 Arten tätigkeitsleitender psychischer Prozesse, Repräsentationen und Eigenschaften 29

6 Sequenziell-hierarchische Tätigkeitsregulation: Die Handlungsphasen 31

7 Sequenziell-hierarchische Tätigkeitsregulation: Oberflächen- und Tiefenstruktur von Tätigkeiten. Regulations-«Ebenen»/-Modi 35

8 Psychische Regulation von Erwerbstätigkeiten mit vorgegebenem Ergebnis und bekannter Ausführungsweise: Fertigungstätigkeiten und Wissensarbeit 41

9 Psychische Regulation von innovierenden Erwerbstätigkeiten mit gesuchtem Ziel: Opportunistische Tätigkeitsregulation mit systematischen Episoden 55

10 Psychische Regulation interaktiver Arbeitstätigkeiten. Besonderheiten der psychischen Regulation von Humandienstleistungen 65

11 Das Gestaltungsziel: Psychische Regulation von vollständigen/ ganzheitlichen Erwerbstätigkeiten als Ergebnis der Arbeitsteilung bzw. -kombination: Ganzheitliche Tätigkeiten als normatives Konzept der Arbeitsgestaltung (ISO 6385) 71

12 Fazit und Ausblick 81

Literaturverzeichnis 83

«There is nothing more practical than a good theory.»

Kurt Lewin, 1952, S. 169

«The problem is to describe how actions are controlled by an organism's internal representation of its universe.»

George A. Miller, Eugene Galanter & Karl H. Pribram, 1960, S. 12

«Arbeit ist immer die Ausführung einer bestimmten Aufgabe. Die gesamte Tätigkeit muss dem Erzielen eines beabsichtigten Ergebnisses unterstellt werden. Arbeit erfordert darum Planung und Kontrolle bei ihrer Ausführung, sie schließt Verpflichtungen ein und erfordert Disziplin.»

Sergej L. Rubinstein, 1958, S. 704

Vorwort

Die Kenntnis der psychischen, d.h. motivationalen und kognitiven Regulation von Erwerbsarbeitstätigkeiten liefert hilfreiche Grundlagen für das Verständnis der Anforderungen an gut gestaltete, zunehmend informationell fordernde Arbeit, für das Entstehen und Vermeiden psychischer Belastung und Fehlbeanspruchung, für das Analysieren psychischer Gefährdungen und für das unerlässliche menschengerechte Gestalten der Erwerbsarbeit.

Von Erwerbsarbeit wird hier gesprochen wegen der regulatorischen Besonderheiten dieser Tätigkeitsklasse im Unterschied zu Freizeittätigkeiten und Eigenarbeit (vgl. Abschnitt 4). Andere Tätigkeitsklassen behandelt beispielsweise von Cranach (1994).

Die Kenntnis der psychischen Regulation von Erwerbsarbeit hilft auch, die Grundlagen nationaler und internationaler Standards zur Analyse, Bewertung und Gestaltung von Erwerbsarbeit nachzuvollziehen, insbesondere die Forderungen an das Gestalten von Arbeitssystemen (DIN EN ISO 6385 [2016]), die Definitionen und Gestaltungsempfehlungen zu psychischer Belastung, Beanspruchung und dem vielgenannten «Stress» (DIN EN ISO 10075 [2018]) oder zur Gebrauchstauglichkeit von Information im Sinne der DIN EN ISO 9241-11 (2018).

Die Konzeption zur psychischen Regulation von Erwerbstätigkeiten, die sogenannte Handlungsregulationstheorie, wurde zunächst für Fertigungstätigkeiten entwickelt (Hacker, 1978) und später auf regelgeleitete Wissensarbeit, schöpferische Entwicklungstätigkeiten wie Konstruieren (Hacker, 2002) und dialogisch-interaktive Humandienstleistungstätigkeiten (Hacker, 2009) erweitert. Das Schema verweist auf die Abschnitte, in denen nach der Darstellung des Gemeinsamen die Besonderheiten dieser wichtigen Klassen von Erwerbstätigkeiten behandelt werden.

Tätigkeiten mit vorgegebenem Ergebnis und
bekannter Ausführungsweise

in der industriellen Fertigung und der Verwaltung
(Regulation algorithmischer Wissensarbeit)
(Kapitel 8.1 und 8.2)

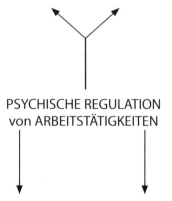

PSYCHISCHE REGULATION
von ARBEITSTÄTIGKEITEN

innovierende Arbeitstätigkeiten
mit gesuchtem Ergebnis
«Opportunistische Regulation mit
systematischen Episoden»
(Kapitel 9)

interaktive, dialogische
Arbeitstätigkeiten, insbesondere
Humandienstleistungen

(Kapitel 10)

Der vorliegende Text gibt eine knappe Integration der Einzeldarstellungen zur psychischen Regulation von Arbeitstätigkeiten. Er ist eine Neufassung und Erweiterung einer früheren Version (Hacker, 2015).

1 Sozioökonomische Entwicklung, Automatisierung der Informationsverarbeitung (Digitalisierung) und psychische Regulation von Erwerbstätigkeiten

Der Kern von Arbeitsprozessen, seien es Prozesse der Erwerbs-, Versorgungs-, Eigen- oder ehrenamtlichen Arbeit, sind Arbeitstätigkeiten. Diese sind psychisch reguliert. Das gilt für vorwiegend körperliche wie vorwiegend geistige Arbeit.

Dieser Text beschreibt die Struktur und die Komponenten dieser psychischen Regulation von Arbeitstätigkeiten und von deren Bestandteilen, den Handlungen und den Operationen. Vergröbert umfasst sie die vorwiegend motivationale Antriebs- und die vorwiegend kognitive Ausführungsregulation.

Mit der Verlagerung der Arbeitsanforderungen von hauptsächlich körperlichen Anforderungen zu hauptsächlich psychischen, u.a. bei der «*Wissensarbeit*», ist in der heutigen und künftigen Arbeitswelt die Bedeutung der psychischen Regulation von Arbeitstätigkeiten ausschlaggebender denn je geworden für das Untersuchen, Bewerten und Gestalten der Arbeitsprozesse und für die Ausbildung und Auswahl der Arbeitenden. Regulationsmerkmale wie Regulationsbehinderungen (z.B. durch Zeitmangel), Vollständigkeit oder Ganzheitlichkeit der psychischen Anforderungen sowie Tätigkeitsspielraum bestimmen das Risiko, Befindens- oder Gesundheitsbeeinträchtigungen bei der Arbeit zu erleiden, und die Leistung (Wieland, Klemens, Scherrer & Timm, 2004).

In dem Maße, in dem darüber hinaus die Neuartigkeit (Innovativität) von Produkten oder Prozessen die Konkurrenzfähigkeit rohstoffarmer Volkswirtschaften bestimmt, erlangen Kenntnisse über die intellektuellen, insbesondere die problemlösenden Regulationsvorgänge *schöpferischer Arbeitstätigkeiten* eine Schlüsselrolle (vgl. Abschnitt 9).

Mit dem wachsenden Anteil der *Dienstleistungsarbeit* (Beitz & Nerdinger, 2019) einschließlich der Humandienstleistungen gewinnen die Besonderheiten der psychischen Regulation von interaktiven Arbeitstätigkeiten besondere Bedeutung (vgl. Abschnitt 10).

Die Flexibilisierung der Anforderungen in der globalisierten Wirtschaft (Roitzsch, Hacker, Pietrzyk & Debitz, 2012) verstärkt die Rolle der psychischen Tätigkeitsregulation weiter. Ihr Schwerpunkt verlagert sich in den neuen direkten und indirekten Steuerungsformen der Arbeit von der fremd- zur selbstbestimmten Regulation der Ausführungsweise der Erwerbsarbeit (management by objectives; Selbstmanagement; Selbstorganisation und Selbstausbeutung; Dunkel & Kratzer, 2016; Kratzer & Dunkel, 2013; Krause, Dorsemagen & Peters, 2010).

Die digitale Transformation betrifft in unterschiedlichem Ausmaß alle Arbeitstätigkeiten. Das Neue dabei ist das Automatisieren geistiger, informationsverarbeitender Prozesse (Informationsbereitstellung [«Erinnern»], Schlussfolgern, Entscheiden etc.) mit der Möglichkeit der zeitlich und örtlich kaum begrenzten Verknüpfung (Vernetzung) von Daten.

Digitale Systeme führen hauptsächlich regelgeleitete (algorithmische) informationsbearbeitende Prozesse (in Abb. 9 Stufen geistiger Vorgänge 0 bis 4) schneller und fehlerärmer aus als Menschen und können sie bei diesen Prozessen ersetzen.

Die arbeitsorganisatorischen Auswirkungen digitaler Arbeitsmittel bei den bei Menschen verbleibenden geistigen Arbeitstätigkeiten sind vielfältig. Die Vernetzung digitaler Arbeitsmittel ermöglicht oder erleichtert insbesondere die o.g. indirekten Steuerungsformen von Arbeitsprozessen und weitere orts- und zeitübergreifende Organisationslösungen (z.B. crowd-work).

Der Bedarf an menschengerechter, d.h. leistungs-, lern- und gesundheitsförderlicher präventiver/proaktiver Arbeitsgestaltung bleibt dabei wirksam und wird sogar vielfältiger (Alasoini, 2019):

Die Vernetzung der digitalen Arbeitsmittel und ihre Management- und Organisationsfolgen ermöglichen nicht nur Entlastungen von eintönigen und überfordernden geistigen Arbeitstätigkeiten, sondern können psychische Gefährdungen erzeugen. Das betrifft u.a. informationelle Überforderung («Informationsflut», information overload; Roetzel, 2018; Junghanns & Kersten, 2020), Zeitdruck (time pressure; Szollos, 2009; Schulz-Dadaczynski, 2016), vermehrte störende Unterbrechungen mit Wiedereinarbeitungsbedarf (Zijlstra et al., 1999), Doppeltätigkeit (multitasking, Baethge & Rigotti, 2010), steigende Abhängigkeiten von anderen Menschen und von informationstechnischen Systemen und das Übernehmen der Kontrolle informationsverarbeitender Systeme (monitoring) zusätzlich zur ausgeführten eigenen Tätigkeit.

Die psychische Regulation der Arbeit mit informationsverarbeitenden digitalen Mensch-Maschine- (bzw. Computer- und Roboter-) Systemen kann hohe Anforderungen und daraus entstehende Beanspruchungen erzeugen: Solange die künstliche Intelligenz nur Teile der menschlichen Intelligenzleistungen übernimmt und der Ergänzung, Bewertung, Überwachung und Korrektur durch verantwortliche Menschen bedarf (Broussard, 2018), können für die überwachenden Menschen hohe psychische Anforderungen entstehen. Seit Langem ist bekannt: Das Überwachen (monitoring) ohne aktives eigenes Ausführen ist beanspruchender als das selbstorganisierte aktive Ausführen der Systemsteuerung («Überforderung durch Unterforderung»).

Je enger der Umfang der zu überwachenden technischen Funktionen – d.h. je höher die Automatisierung auch der Informationsverarbeitung –, desto rascher und ausgeprägter tritt die psychische Fehlbeanspruchung (Monotonie) ein (vgl. Richter & Hacker, 2014).

Überdies sollen Systeme mit künstlicher Intelligenz nicht nur überwacht werden, sondern ihre Leistungsanteile müssen im Bedarfsfall – bei Stromausfall oder bei Systemstörungen – vom verbleibenden Menschen übernommen und zu diesem Zweck beherrscht werden. Das Beherrschen von Tätigkeiten ist jedoch ohne wiederholtes Ausführen (Erhaltungslernen) unmöglich. Der durch künstliche Intelligenz unterstützte Erwerbstätige muss also sowohl die ihm zur Auslastung seiner Arbeitskraft zugeordnete andere Tätigkeit ausführen, als auch die ihm vom technischen System abgenommene Tätigkeit im Interesse seiner zeitweiligen Kontroll- und Korrekturfunktion weiterhin trainierend einsatzbereit halten. Das wird nicht als Belastungsreduktion, sondern als «Belastungswechsel» umschrieben (Sträter, 2019).

Hinzu kommt schließlich, dass insbesondere bei Prozessen mit komplexen dynamischen Anforderungen schöpferische Verbesserungsideen eher von Menschen als von informationstechnischen Systemen zu erwarten sein dürften. Vom Toyota-Konzern wird berichtet, dass er automatisierte Funktionen zeitweilig von den vormals damit Beschäftigten wieder ausführen lasse, um deren innovative Produktivität nicht zu verlieren: Roboter machen keine Verbesserungsvorschläge (Bork, 2018).

Das trifft zusammen mit dem wachsenden Anteil älterer Beschäftigter mit begrenzten Kompensationsmöglichkeiten von Belastungen (demografischer Wandel, z.B. Baltes, Rudolph & Zacher, 2019).

Diese Herausforderungen der präventiven Arbeitsgestaltung sind ohne Wissen um die psychische (kognitive und motivational-emotionale) Regulation von Arbeitstätigkeiten in optimal gestalteten Arbeitssystemen (DIN EN ISO 6385; 2016) (Tab. 1, ausführlich in Kapitel 11) nicht zu bewältigen.

Tab. 1: Arbeitswissenschaftliche Forderungen an präventiv gestaltete Arbeitssysteme (DIN EN ISO 6385/2016)

---

1. «ganze» (vollständige/ganzheitliche) Arbeitseinheiten
   (Untersetzung: – sequenziell vollständig
   – hierarchisch vollständig)

2. mit erkennbarer Bedeutung für Arbeitsprozess
   (Selbstwert-Beitrag)

3. angemessene Vielfalt beanspruchter
   – Fertigkeiten
   – Fähigkeiten

4. Tätigkeitsspielraum für
   – Tempo
   – Abfolge
   – Vorgehensweise

5. Berücksichtigung der
   – Kenntnisse
   – Erfahrungen
   – Fertigkeiten
   – Fähigkeiten

   Ohne Unter-/Überforderung
   (damit keine zeitliche Überforderung, Mengenüberforderung, Verantwortungsüberforderung) …

6. ausreichende + sinnvolle Rückmeldungen
   (Lernen; Wertschätzung)

7. Einsatz und Erweitern vorhandener Kenntnisse, Erfahrungen, Fertigkeiten, Fähigkeiten
   («Lernen in der Arbeit»)

8. Vermeiden sozial (von Kollegen) isolierter Arbeit
   (Kooperation möglich; damit wechselseitige Unterstützung («social support»); soziale Verantwortung).

(1.–8. schließen die intrinsisch motivierende Wirkung der Arbeitsgestaltung ein).

1.1 Komponenten des Arbeitsprozesses und seiner Regulation

Die Komponenten des Arbeitsprozesses sind das arbeitende Subjekt, der Auftrag bzw. die selbstgestellte Aufgabe, die durch die Arbeitstätigkeit verwirklicht wird, die Arbeitsmittel und die Ausführungsbedingungen (ökonomischen, sozialen und materiellen Arbeitsbedingungen). Die zentrale Komponente ist die Arbeitstätigkeit, deren Anforderungen als Arbeitsinhalt bezeichnet werden. Das gilt nicht nur für die bezahlte Erwerbsarbeit im engeren Sinne, sondern auch für Eigenarbeit, Hausarbeit oder gemeinnützige bzw. gesellschaftliche Arbeit (Nitsche & Richter, 2003; Resch, 1999, 2003).

Arbeitstätigkeiten als der zentrale Bestandteil von Arbeitsprozessen sind nicht beschreibbar lediglich als sichtbare *äußere Verrichtungen* (bspw. eine Reihe von Handbewegungen), sondern sie werden durch innere, *psychische Prozesse* (bspw. das Schlussfolgern) und *psychische Repräsentationen* (bspw. Wissen) reguliert (vgl. Kapitel 7, Abb. 2).

Dies geschieht gemäss den in der Abbildung auf Seite 16 geschilderten Schritten.

Frühere Beiträge zur psychischen Regulation von Tätigkeiten kommen aus der Handlungspsychologie (Bernstein, 1967; Galperin, 1966, 1967; Leontjev, 1979; Lomov, 1964; Luria, 1956; Oschanin, 1976; Rubinstein, 1958; Tomaszewski, 1978, 1981), aus Einflüssen der Regelungstheorie und der Kybernetik (Miller, Galanter & Pribram, 1960; Wiener, 1963) sowie aus der «Psychotechnik» (Lewin & Rupp, 1928). Frühe englischsprachige Darstellungen gaben unter anderem Engeström & Engeström, 1986; Frese & Sabini, 1985; Hollmann & Wall, 2002; Leach, Wall & Jackson, 2003; Parker, Wall & Cordery, 2001 oder Roe, 1999.

Bereits Aristoteles hatte die Handlung als intentionalen Prozess beschrieben. Er unterschied die Handlungsabsicht (Intention) von dem vorweggenommenen Handlungsergebnis und den Handlungsumständen (-bedingungen).

In seinen spät entdeckten Fragmenten hatte Novalis am Ende des 18. Jahrhunderts die fundamentale Bedeutung von ganzheitlichen Tätigkeiten für die Identitätsbildung skizziert (Novalis, 1929). Ausdrücklich auf die Industrie bezogen hat der als Urwaldarzt bekannte Albert Schweitzer (1971) die Rolle geistig anspruchsvoller Arbeitsinhalte auch für die Persönlichkeitsentwicklung begründet.

- Zielentwicklung («Richten» des Verhaltens)
    - durch Entwickeln der handlungsveranlassenden Vornahme (motivationalen Intention) zur Tätigkeit und
    - durch Vorwegnehmen des erforderlichen Tätigkeitsergebnisses als handlungsleitender kognitiver Antizipation.

- Orientieren
    - über zu berücksichtigende Ausführungsbedingungen und
    - mögliche Vorgehensweisen zum Erreichen des Ziels

- Entwerfen von Vorgehensweisen (als Erinnern oder Neuausdenken) und
- Entscheiden (Auswählen einer Vorgehensweise [falls mehrere möglich]).

- Entschließen
    - zum Ausführen des gewählten Vorgehens als Bilden der «Durchführungsintention» aus Ziel + Vorgehensweise.

- Ausführen
    - mit begleitendem Kontrollieren und
    - abschließendem (sanktionierendem) Kontrollieren an der Antizipation.

Eingehender dazu in Kapitel 6.

1.1.1 Intuitive versus rationale Verhaltensregulation

Die neuere Forschung zur psychischen Verhaltensregulation liefert erweiterte Einsichten in das *Zusammenwirken von bewussten und unbewussten Anteilen der Verhaltensregulation*, die auch für die psychische Regulation von Arbeitstätigkeiten Bedeutung erlangen können (Gigerenzer & Goldstein, 2001; Gigerenzer, 2007). Zugrunde liegt das Dual-Process-Theory-Modell (Evans & Frankish, 2009; Kahneman, 2011), welches das Zusammenwirken des raschen, unbewussten, intuitiven «Systems 1» (besser Regulationsmodus 1) mit dem langsameren, rationalen, bewussten «System 2» beinhaltet. Bei der psychischen Regulation von Arbeitstätigkeiten erhält damit das Berücksichtigen von implizitem, nicht aussagbarem Wissen, randbewussten Heuristiken sowie unbewussten Urteilsprozessen («Bauchgefühl») eine grundlagenwissenschaftliche Unterstützung (Hassin, 2014; Verbruggen et al., 2014).

Dual-Process-Theorien der Verhaltensregulation unterscheiden zwei Regulationsmodi:

Ein erfahrungsabhängiger Regulationsmodus (stellenweise als «System 1» bezeichnet; kritisch dazu Keren & Schul, 2009) reguliert das Verhalten bei wiederkehrenden Anforderungen und Situationsmerkmalen auf der Grundlage von in der Vergangenheit bewährten Vorgehensweisen. Als seine Vorzüge gelten: Er arbeitet schnell, ist sparsam bezüglich aufgenommener und verarbeiteter Information und laufe in der Regel unbewusst automatisch – nicht begrenzt durch die Bewusstheitskapazität – ab. Seine Grenzen können die erfahrungsbegründete Wirkungsweise mit einem möglichen Versagen bei neuartigen, unbekannten, künftigen Anforderungen sein.

Der andere Regulationsmodus («System 2») arbeitet langsam, benötigt und verarbeitet umfangreiche aktuelle Informationen, entwickelt zunächst ein internes, mentales Modell der zu beantwortenden Anforderungssituation und der erforderlichen Ergebnisse (Ziele), an denen ein Probehandel und Planen im Modell-/Abbildbereich möglich wird.

Die neuropsychologische Forschung sucht nach Beziehungen dieser Modi zu verschiedenen Hirnarealen.

In der Erwerbsarbeit treten beide Regulationsmodi in Abhängigkeit vom Gleichbleiben oder Wechseln der Arbeitsaufträge und ihrer Anforderungen auf (vgl. das Konzept der Ebenen der Handlungsregulation in Abschnitt 7). Häufig enthält ein Arbeitsauftrag Anforderungen beider Regulationsmodi: Auch veränderte oder neue Aufträge enthalten oft gleichbleibende Teile. Beispielsweise enthält das zielgerichtete Ausdenken eines neuen Texts bekannte Worte mit bekannten, automatisierten Schreibbewegungen.

1.1.2 Besonderheiten der psychischen Regulation von Erwerbstätigkeiten

Bei Erwerbsarbeit – im Unterschied u.a. zu Freizeittätigkeiten oder zu Eigenarbeit – liegen des Weiteren entscheidende Besonderheiten vor, welche sowohl die motivationale Antriebs- als auch die kognitive Ausführungsregulation von Erwerbstätigkeiten bestimmen.

Dieser Text konzentriert sich auf Erwerbstätigkeiten. Ihre Besonderheiten betreffen die zweifache Vermittlung der Bedürfnisbefriedigung und die daraus resultierende besondere Funktion des Ziels und der willentlichen (volitiven) Prozesse.

Die Befriedigung zentraler Bedürfnisse ist bei Erwerbsarbeit vermittelt (1) durch das erforderliche Erzeugen eines Arbeitsergebnisses (bspw. Schrauben) für den Markt, das in der arbeitsteiligen Gesellschaft wichtige Bedürfnisse, etwa nach Nahrung, Kleidung oder Wohnung, des Arbeitenden nicht befriedigt, sowie (2) durch das dafür erhaltene monetäre Entgelt, mit dessen Hilfe am Markt wesentliche Teile der Bedürfnisbefriedigung gesichert werden können. Das gewissenhafte Ausführen der Erwerbstätigkeit lässt nur erwarten (Wahrscheinlichkeitsfunktion), dass ein verkäufliches Arbeitsergebnis und für dieses ein angemessenes Entgelt entstehen werden. Arbeitsergebnis und Entgelt haben eine Mittelfunktion (Instrumentalitätsfunktion) für die erforderliche Bedürfnisbefriedigung. Schematisch gilt also:

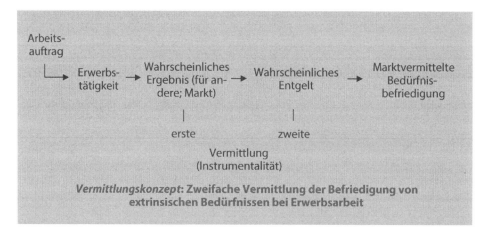

Vermittlungskonzept: Zweifache Vermittlung der Befriedigung von extrinsischen Bedürfnissen bei Erwerbsarbeit

Diese voraussetzungsbelastete (möglicherweise entsteht Ausschuss oder eine Firmeninsolvenz) doppelte Vermittlung und ihre Wahrscheinlichkeiten (vgl. die Nutzen-/Valenz-Instrumentalitäts-Erwartungskonzepte, z.B. bei Vroom, 1964 oder Heckhausen, 1980) unterscheiden die psychische Regulation von Erwerbstätigkeiten grundsätzlich von Tätigkeiten in der Freizeit, bei denen das Tätigkeitsergebnis oder bereits das Ausführen der Tätigkeit Bedürfnisse befriedigt. Das gilt beispielsweise für das Duschen bei Hitze, das zur Erfrischung führt.

Eine Folge für Erwerbsarbeitsprozesse ist die Notwendigkeit des Begreifens und Vergegenwärtigens der Vermittlungs- bzw. Instrumentalitätskette mit ihren kognitiven Vorwegnahmen (Antizipationen) beim Erlernen der Erwerbsarbeitsfähigkeit (z.B. Seligman et al., 2013). Auch Bedürfnisaufschub, Geduld, Disziplin und andere willentliche Prozesse ordnen sich hier ein.

Eine weitere Folge dieser Besonderheit ist die Stellvertreterfunktion von Zielen der Erwerbstätigkeit (als «Quasi-Bedürfnisse» [Lewin, 1926]) für die zu befriedigenden Bedürfnisse (wie bspw. die nach Nahrung). Wir kommen darauf zurück.

In der Mehrzahl der Erwerbstätigkeiten werden fremdbestimmte Aufträge mit fremdbestimmten Ausführungsbedingungen, u.a. bzgl. der Kosten, der verfügbaren Zeit für eine bestimmte Arbeitsmenge, des Materialverbrauchs oder der Arbeits- und Gesundheitsvorschriften, erteilt. Das Erfüllen ist für die Mehrzahl der Arbeitenden nicht freigestellt, sondern lebensnotwendig.

Selten sind die Aufträge und die aus ihnen abzuleitenden Ziele frei wählbar und die Verwirklichungsschritte unterliegen gleichfalls technologischen und ökonomischen Vorgaben des Markts für Produkte und Arbeitskräfte. Bei Erwerbsarbeit in der Konkurrenzwirtschaft ist des Weiteren nicht irgendeine Durchführungsweise auszudenken, zu erlernen und umzusetzen, sondern die wirtschaftlichste. Rationelle vorausschauende (proaktive) willentliche (volitive) Steuerung der Tätigkeitsabwicklung ist bei Erwerbsarbeit daher nicht lediglich auch möglich, sondern unerlässlich und leistungsbestimmend.

Insofern ist große Vorsicht und Skepsis beim Übertragen allgemeinpsychologischer Konzepte und Modelle zur Regulation und Motivation von Handlungen (z.B. Gollwitzer & Bargh, 1996) auf Handlungen als Bestandteil der Erwerbsarbeit geboten.

Das Arbeiten mit Lernmöglichkeiten durch geeignete Rückmeldungen, mit Möglichkeiten zum Selbstentscheiden über das Vorgehen oder mit einem ganzheitlichen, das Können bestätigendem Arbeitsergebnis kann zum Bedürfnis werden. Dabei entstehen Motive im Arbeiten selbst *(intrinsische Motivation)*, nicht erst Motive bezüglich der Folgen des Arbeitens *(extrinsische Motivation* aus Lohn, Kaufkraft etc.). Das «Motivationspotential der Arbeitstätigkeit» (Hackman & Oldham, 1980; vgl. Kapitel 11, Kasten 5) beschreibt die Wirkung dieser intrinsisch motivierenden Merkmale der Arbeitstätigkeit selbst. Die Forderungen des Standards DIN EN ISO 6385/2016 betreffen diese Tätigkeitsmerkmale.

2 Arbeitsauftrag – Arbeitstätigkeit als zentrale Komponente von Arbeitsprozessen

Im Erwerbsprozess bestimmt der Arbeitsauftrag des/der Vorgesetzten bzw. der Kunden/-innen oder Klienten/-innen die auszuführenden Tätigkeiten (Prinzip des Primats des Arbeitsauftrags bei der Analyse, Bewertung und Gestaltung von Erwerbsarbeitsprozessen). Der Auftrag wird vom Arbeitenden in der Regel «übersetzt» (redefiniert) in die tatsächlich verwirklichte Aufgabe (Redefinitionsparadigma, Hackman, 1970). Der Auftrag wird so ausgeführt, wie der/die Bearbeiter/-in ihn verstehen kann aufgrund seiner/ihrer Leistungsvoraussetzungen und in seinem/ihrem eigenen Interesse verstehen will.

Die psychische Struktur und Regulation von Erwerbstätigkeiten ist in erster Linie bestimmt durch die redefinierte Arbeitsaufgabe (eingehender Abschnitt 8).

Mit dem Auftrag werden in der Regel neben inhaltlichen auch direkte oder indirekte zeitliche/ mengenmäßige Vorgaben erteilt. Der zunehmend beklagte Zeit- bzw. Leistungsdruck bei Erwerbsarbeitsprozessen (Zok & Dammasch, 2012) beeinflusst die psychische Struktur und Regulation der jeweiligen Erwerbstätigkeiten stark. Im Extremfall werden beispielsweise erforderliche Handlungen wie Vorklärungen, Kontrollen oder arbeits-/gesundheitsschutzrelevante Aktivitäten und Pausen ausgelassen.

Die Arbeitsaufgabe wird durch die Arbeitstätigkeit erfüllt. Der Tätigkeitsbegriff kann als Oberbegriff verstanden werden, während Handlungen (durch Teilziele) abgegrenzte Einheiten von Tätigkeiten bezeichnen. Die psychische Tätigkeitsregulation umfasst die tätigkeitsveranlassenden, tätigkeitsführenden und tätigkeitskontrollierenden psychischen Vorgänge (Prozesse), Repräsentationen (Wissens-/Gedächtnis«inhalte») und Eigenschaften («traits») mit ihren Wechselwirkungen.

Der Tätigkeits- und der untergeordnete Handlungsbegriff sind mehrstellige Relationen und tragen in diesem Sinne wesentlichen systemtheoretischen (Wiener, 1963) und interaktionistischen (Magnusson, 1981) Anliegen Rechnung. Der Tätigkeitsbegriff als fünfstellige Relation setzt in Beziehung

– Veränderungsvorgänge informationeller oder energetischer Art an
– Gegenständen, die den Vorgängen ihre Gesetzmäßigkeiten aufzwingen
– gerichtet auf als Ziel vorweggenommene Resultate
– ausgeführt mit Mitteln und unter Ausführungsbedingungen durch

- Personen mit Könnensvoraussetzungen für und Stellungnahmen zu den Vorgängen, in denen sie sich auch selbst verändern.

Diese fünf Sachverhalte sind die «Leerstellen» des Tätigkeitsbegriffs als relationalem Konzept. Die sogenannten Fragewort- oder W-Fragen der Tätigkeitsanalyse helfen, die jeweilige konkrete Füllung zu finden:

- *Wer* (Person bzw. Subjekte der Tätigkeit)
- tut *was* (Veränderungsvorgang),
- *wozu* (Ziel als vorweggenommenes Resultat),
- *woran* (Handlungsgegenstand),
- *womit* (Hilfsmittel),
- *unter welchen Bedingungen*?

In vielen Arbeitstätigkeiten kommen noch hinzu die Fragen *woraufhin* (Signale, situational cues) und *warum* (zu berücksichtigende Ursachen der zu verändernden Sachlage).

Die W-Fragen sind eine anwendungsorientierte Umsetzung semantischer Relationen, die sich beim Analysieren und Gestalten insbesondere von dominant geistigen Arbeitstätigkeiten bewähren (eingehender in Abschnitt 7, Abb. 4).

Praktisch sind diese semantischen Relationen und die auf sie zielenden (W)-Fragen die Grundlage für die Ermittlung der psychischen Anforderungen von Arbeitstätigkeiten, die für die Tätigkeitsbewertung benötigt wird (bspw. für Entlohnungszwecke), für die Festlegung von Ausbildungsinhalten, für die Arbeitstätigkeitsgestaltung oder für die Auswahl von Eignungsermittlungsverfahren.

Bei Tätigkeiten sind prinzipiell zu unterscheiden: antriebsunmittelbare und antriebsmittelbare Tätigkeiten und Handlungen. Bei antriebsunmittelbaren, beispielsweise affektiven, impulsiven oder auch reflektorischen Handlungen geht der Antriebsimpuls, beispielsweise ein Affekt, ohne das Abwägen von Zielen und Konsequenzen in die Handlungsausführung über. Dagegen erfolgt bei den im betrieblichen Alltag vorherrschenden antriebsmittelbaren *Erwerbstätigkeiten* eine ausgebaute *Ziel-, Maßnahmen- und Mittelklärung* sowie *-auswahl* vor der willensgestützten Handlungsausführung.

Diese willentlichen Tätigkeiten und Handlungen sind nicht direkt durch Bedürfnisse (Motive, wie z.B. nach Nahrung) angetrieben, sondern durch Ziele, die stellvertretend, gleichsam wie Bedürfnisse (als «Quasibedürfnisse»; Lewin, 1926) wirken. Bei Erwerbsarbeit betreffen diese Ziele die Arbeitsergebnisse.

2 Arbeitsauftrag – Arbeitstätigkeit als zentrale Komponente von Arbeitsprozessen

Sie führen zum Lohn und erst der ermöglicht die Bedürfnisbefriedigung vermittels des Kaufs z.B. der Nahrungsmittel (vermittelte Bedürfnisbefriedigung; vgl. Kasten 1 im Kapitel 1).

Der Kasten 2 stellt schematisch Bestandteile des Arbeitsauftrags, der durch zielgerichtete Tätigkeiten erfüllt wird, mit ihren Beziehungen dar.

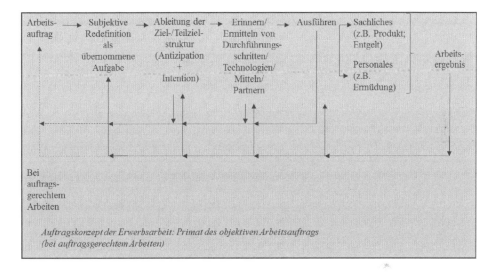

3 Handlung als psychologische Einheit von Tätigkeiten: Tätigkeit – Handlung – Operation

Tätigkeiten sind übergeordnete Verhaltenseinheiten, die ganze Handlungsketten und deren Komponenten, die Teilhandlungen oder Operationen, umfassen. Sie verfolgen ein sogenanntes Oberziel (z.B. die Leistungsmenge rechtzeitig fertigstellen), das – insbesondere im Erwerbsprozess – als Quasibedürfnis ein Motiv (z.B. Bedürfnis nach Nahrung, Kleidung, Wohnung etc. befriedigen) vertritt. Die Tätigkeiten werden in Handlungen verwirklicht (Gollwitzer & Bargh, 1996; Leontjew, 1979; Lewin, 1926).

Der *Handlungsbegriff* ist der wichtigste Begriff einer Psychologie der (Arbeits-) Tätigkeit. Handlung bezeichnet eine zeitlich in sich geschlossene, auf ein Ziel gerichtete sowie inhaltlich und zeitlich gegliederte Einheit der Tätigkeit, nämlich die kleinste psychologisch relevante Einheit willentlich gesteuerter Tätigkeiten. Die Abgrenzung von Handlungen erfolgt durch das bewusste Ziel, das die mit der Absicht der Realisierung (Intention) verknüpfte Vorwegnahme des Ergebnisses (Antizipation) darstellt. Jede Handlung ist auch ein psychischer Vorgang. Sie hat Ziele und erfüllt Aufgaben (Bernstein, 1967).

Jede Handlung schließt über die Ziele hinaus auch kognitive Prozesse, also Wahrnehmen, Urteilen, Behalten, Reproduzieren, Problemlösen sowie motorisches Ausführen ein (Hommel, 2002; Kluwe, 2000).

Der Begriff der zielgerichteten Handlung als Einheit der Tätigkeit hebt die Gegenüberstellung von motivationalen (einschließlich emotionalen) und volitionalen versus kognitiven (und innerhalb dieser von perzeptiven, intellektuellen und mnestischen) Prozessen auf: *Ziele sind Verknüpfungen der kognitiven Vorwegnahme und der motivationalen und volitionalen Vornahme (des Vorsatzes) und der Gedächtnisspeicherung* der Vorwegnahmen als Grundlage rückkoppelnder Soll-Ist-Vergleiche beim willentlichen (volitional) geführten Ausführen. Eingehender Abschnitt 8.

Arbeitsanalytisch können bei Bedarf Handlungen in *Teilhandlungen (Operationen)* zerlegt werden: Bohren schließt das Greifen nach dem Bohrer, seine Führung etc. ein. In der Regel existieren dafür beim Arbeitenden keine eigenen (Teil-)Ziele.

4 Determination der psychischen Regulation von Erwerbstätigkeiten durch den Arbeitsauftrag und seine Ausführungsbedingungen

Die psychischen Regulationsmerkmale von Erwerbstätigkeiten sind in ausschlaggebendem Maße bedingt durch den Auftrag und die ökonomischen, sozialen, organisatorischen und technischen Bedingungen der Auftragsausführung. Dazu gehören:

(a) Die *Gesetzmäßigkeiten* der Arbeitsgegenstände, Arbeitsmittel und -felder. Das können u.a. technologische, physikalische, chemische, biologische oder soziale und wirtschaftliche Gesetzmäßigkeiten sein, deren Wirken vom Arbeitenden zu erkennen, zu begreifen und bei der Wahl von Vorgehensweisen zu beachten ist. Beispielsweise ist Eisen nur bei starker Erhitzung schmiedbar.

(b) Die Aufteilung der Tätigkeiten als *Funktionsteilung* (Allokation) zwischen Menschen und Maschinen bzw. automatisierten technischen bzw. digitalen Systemen sowie

(c) als Arbeitsteilung zwischen verschiedenen Menschen in der Organisation (Hackman & Oldham, 1980).
Internationale Standards, insbesondere DIN EN ISO 6385 (2016; vgl. Kapitel 11) zu «gut gestalteten Arbeitsaufträgen», stellen grundlegende Forderungen, welche durch die Funktionsteilung zwischen Arbeitsmittel und Arbeitenden und durch die horizontale und vertikale Arbeitsteilung zwischen den Arbeitenden erfüllt werden müssten.

(d) Der durch die Art der Funktions- sowie der Arbeitsteilung bestimmte *Tätigkeitsspielraum* als Möglichkeit eigenen Zielstellens und des Entscheidens bezüglich der Art und Weise der Erfüllung von Arbeitsaufträgen. Das Vorliegen bzw. Fehlen der Möglichkeiten zu eigenständigem Zielstellen und Entscheiden wird in der arbeits- und organisationspsychologischen Literatur unter verschiedenen Gesichtspunkten beschrieben und mit unterschiedlichen Begriffen wie Freiheitsgrade, Handlungsspielraum, Kontrollspielraum, Entscheidungsspielraum, Autonomie oder job discretion belegt.
Selbstgesetzte Ziele entstehen vorzugsweise bei Entscheidungsmöglichkeiten. Selbstgesetzte Ziele sind die Kristallisationskerne psychischer Vorgänge beim Handeln (Leontjew, 1979). Möglichkeiten zum Zielsetzen

und Entscheiden im Arbeitsprozess stehen in enger Beziehung zur Durchschaubarkeit (Transparenz), Vorhersehbarkeit und Beeinflussbarkeit (Kontrollierbarkeit, «Kontrolle») der Arbeitssituation: In undurchschaubaren, unvorhersehbaren oder kaum beeinflussbaren Arbeitssituationen dürfte es schwieriger sein, sich differenzierte Ziele zu setzen oder zu verfolgen als in durchschaubaren, vorhersehbaren und beeinflussbaren (Blumenfeld, 1932; Seligman, 1975).

(e) Die Ausgestaltung der in (a) bis (d) genannten Bedingungen wird durch ökonomische Unternehmensmerkmale (z.B. for-profit- versus non-profit-Einrichtung; als Beispiel vgl. Wendsche, Hacker, Wegge & Rudolf, 2016) sowie durch Management-, Führungsstrukturen und -stile mitbestimmt.

Durch die Beschaffenheit des Auftrags und der Ausführungsbedingungen von Arbeitstätigkeiten werden Möglichkeiten zu verschiedenartiger Tätigkeitsregulation – beispielsweise die Vollständigkeit oder Ganzheitlichkeit von Aufträgen (task identity), die Anforderungsvielfalt (variety), die Rückmeldungen (feedback) – angeboten oder aber eingeschränkt bzw. sogar behindert (Oesterreich, 1981; Semmer, 1984).

Neben dieser äußeren Determination durch den Auftrag bzw. die redefinierte Aufgabe und die Ausführungsbedingungen des Auftrags ist die psychische Struktur von Tätigkeiten von *personalen Bedingungen* abhängig. Dazu gehören die biologischen Leistungsvoraussetzungen beispielsweise bezüglich der Sinnestüchtigkeit, die auftragsbezogene Ausbildung, von der auch das Erkennen und das Nutzen von Tätigkeitsspielräumen abhängt, sowie Einstellungen zu Wertebereichen (bspw. zur Erwerbstätigkeit), die u.a. auch die Redefinition des Auftrags mitbestimmen.

5 Arten tätigkeitsleitender psychischer Prozesse, Repräsentationen und Eigenschaften

Psychische Tätigkeitsregulation erfolgt durch mehrere Arten psychischer Sachverhalte: Beteiligt sind zum einen *psychische Prozesse*. Dazu zählen zunächst Wahrnehmungen der aktuellen Arbeitssituation und der in ihr auftretenden tätigkeitsleitenden Signale (zum Beispiel die Verfärbung eines Stoffes, die Veränderung eines Motorgeräuschs). Spitzenkönner einer Arbeitstätigkeit verfügen über differenziertere und qualitativ andere Signale (bspw. über Voranzeichen für sich anbahnende Situationen) als Durchschnittskönner. Des Weiteren sind kognitive Prozesse als abstraktes und anschauliches Denken, Erinnerungsvorgänge von übernommenem Wissen und selbst erworbener Erfahrung, motivationale einschließlich emotionale Vorgänge sowie Willensprozesse beteiligt.

Zum zweiten sind mehrere Formen von Gedächtnis«inhalten» *(Gedächtnisrepräsentationen)* an der Regulation von Arbeitstätigkeiten beteiligt: Gedächtnisrepräsentationen (operative Abbildsysteme, mentale Repräsentationen oder mentale Modelle) haben eine unerlässliche Funktion für das forderungsgerechte Ausführen von (Arbeits-)tätigkeiten: Mit den in ihnen enthaltenen Soll-Werten, z.B. Normen, Zielen und Teilzielen, werden die beim Kontrollieren des Ausführens erfassten Zustände verglichen. Aus den gespeicherten Programmen (vgl. Abschnitt 8) werden die erforderlichen weiteren Schritte entnommen bzw. im Sinne des vorstellungsmäßigen bzw. gedanklichen Operierens an einem inneren Modell der Situation abgeleitet. Die wichtigste Gedächtnisrepräsentation beim Handeln ist das Ziel als regulative Invariante. Ohne Ziel (Absicht) keine zielgerichtete Handlungsregulation. Hierin besteht der unerlässliche Beitrag des Absichts-(prospektiven)Gedächtnisses zur Handlungsregulation (Dörner, 1983; Brandimonte, Einstein & McDaniel, 1996; Gollwitzer & Maskowitz, 1996; Hacker, Herrmann, Pakoßnik & Rudolf, 1998; Pascha, Schöppe & Hacker, 2001). Zu den Zielen in Arbeitstätigkeiten vgl. Abschnitte 8 und 9.

Auch in der Handlungsvorbereitung haben Gedächtnisrepräsentationen eine unersetzbare Funktion: Wissen als im Ausbildungsprozess übernommenes Wissen oder selbst erarbeitete Erfahrung über Eigenschaften der Situation, der Hilfsmittel oder der Handlungsgegenstände ermöglicht das Erproben von Handlungsprogrammen in der Vorstellung oder an begrifflichen Repräsentationen vor ihrem praktischen Einsatz. Das Erproben in der Vorstellung erfolgt im «Arbeitsgedächtnis» (working memory), das kurzfristig Inhalte des unbewussten Langzeitgedächtnisses zur bewussten Bearbeitung abruft. Seine Kapazität ist begrenzt auf wenige Bedeutungseinheiten. Weiterhin sind Gedächtnisrepräsentationen die Grundlage für das Auswählen von Aktionsprogrammen, sofern Freiheitsgrade für ein unterschiedliches Vorgehen bestehen. Sie dienen der prognostischen Bewertung der Folgen möglicher Schritte und der Entscheidung für einen Weg. Sogar bereits das Orientieren wird durch die Beschaffenheit dieser Gedächtnisrepräsentationen beeinflusst: Verschiedene Repräsentationen führen zu unterschiedlichen Hypothesen über den zu verändernden Sachverhalt und veranlassen damit unterschiedliche Suchstrategien, die Auswahl verschiedener Informationsquellen und unterschiedliche Verarbeitungsweisen.

Da ein Teil des Wissens bzw. der Erfahrung sprachlich-begrifflich gefasst ist, wird ein begriffsgestütztes Probehandeln vor der praktischen Ausführung möglich. Eine präzise begriffliche Festlegung zwingt dabei zur Präzisierung der Handlungsvorbereitung und der späteren Ergebniskontrolle. Dieses *Probehandeln im Abbildbereich* (am mentalen Modell), als besondere Qualität der psychischen Tätigkeitsregulation, bietet wirkungsvolle Möglichkeiten der Handlungsvorbereitung; beispielsweise das virtuelle Planen rückwärts von einem geforderten Fertigstellungstermin aus, das oftmals wesentlich andere Einsichten erbringt als das übliche Vorwärtsplanen.

Zum Dritten sind an der psychischen Regulation von Arbeitstätigkeiten *psychische Eigenschaften* beteiligt. Dazu gehören insbesondere Kompetenzen als Persönlichkeitseigenschaften wie die Planungsneigung (Frese, Stewart & Hannover, 1987; Frese, Albrecht et al. 1995), das heißt die Neigung zum eingehenden Vorausplanen von (Arbeits-)Prozessen, gegebenenfalls bis hin zum Aufstellen von Alternativplänen für den Fall des Misslingens anderer (vgl. das HAKEMP-Verfahren von Kuhl, 1983 oder die Planungsdiagnostik nach Heisig, 1996).

Weitere Kompetenzen sind verallgemeinerte Handlungsstrategien, beispielsweise zum Lösen von Problemen.

6 Sequenziell-hierarchische Tätigkeitsregulation: Die Handlungsphasen

In Bezug auf den sequenziellen Aspekt der Handlungsphasenregulation lassen sich die folgenden fünf Phasen unterscheiden (Tomaszewski, 1978; Heckhausen 1980, 1983):

1. Der Aspekt des «*Richtens*» beschreibt das Übernehmen eines Auftrags als Aufgabe bzw. das Selbststellen einer Aufgabe: Dabei wird eine Absicht (Intention) und das künftige Ergebnis vorweggenommen (Antizipation). Das Übernehmen eines Auftrages geht mit seiner Redefinition einher (Hackman, 1970).

2. Im *Orientieren* geht es darum, die für das Handeln erforderliche Information aufzunehmen und zu verarbeiten sowie die dafür notwendigen Kenntnisse und Erfahrungen aus dem Gedächtnis zu aktivieren. Dabei werden die Ziele sowie die Ausgangsbedingungen untersucht, Wege und Mittel, sie zu erreichen, aktualisiert und Hypothesen über ihren Nutzen aufgestellt (Tomaszewski, 1978).

3. Auf der Grundlage des Vergleiches von Ausgangszustand, Zielvorstellung und einsetzbaren Überführungsbedingungen wird das *Entwerfen* von Aktionsprogrammen möglich. «Aktionsprogramm» ist der Oberbegriff für Strategien, Pläne, Handlungsschemata und Bewegungsentwürfe. Das Entwerfen ist wenigstens immer dann erforderlich, wenn das Erreichen des Ziels mehrere Zwischenschritte erfordert. Die deutlichste Form des Entwerfens ist die vorstellungsmäßige bzw. gedankliche Vorwegnahme der Verfahrensweise und der Mittel. Ausgehend von der Ableitung der zu durchlaufenden Teilziele aus dem Ziel werden die Operationsabfolgen einschließlich der einzusetzenden Arbeitsmittel abgeleitet und zeitlich geordnet. Bei zahlreichen Handlungen erfolgt nach dem Ableiten von Teilziel- und Operationsabfolgen in ihrer zeitlichen, phasenhaften Ordnung eine Reorganisation in rationellere größere Einheiten, bis hin zu komplexen Handlungsplänen oder Strategien. Miller, Galanter & Pribram (1960) definierten die Aktionsprogramme (von ihnen sämtlich als Pläne bezeichnet) daher als hierarchische Prozesse des Organismus, welche die Ordnung regulieren, in der eine Folge von Operationen ablaufen soll. Aktionsprogramme sind formal beschreibbar als Befehlslisten. Vom jeweils übergeordneten Aktionsprogramm werden die Unterprogramme eingesetzt und überwacht (Miller, Galanter & Pribram, 1960; Hommel 2002; Keele, Cohen & Ivry, 1990).

4. Da gleiche Ziele häufig auf unterschiedliche Weise erreicht werden können, ist meist eine *Entscheidung* zwischen verschiedenen Vorgehensvarianten erforderlich.

5. Mit dem Vorsatz zum Verwirklichen des beim Entscheiden ausgewählten Weges erfolgt der Übergang von der Handlungsvorbereitung zum Handlungsvollzug (Aspekt des Entschließens). Dabei wird die Vornahme verknüpft mit Realisierungsschritten des Vorgehens zur «Durchführungsintention» als unerlässliche Grundlage des Ausführens.

Heckhausen, Gollwitzer und Weinert (1987) beschreiben diesen Übergang von Denken zum Tun und vom Wünschen zum Wollen im «Rubikon-Modell», welches das erforderliche Wollen (Volition) beim Handeln betont.

Der Handlungsvollzug wird durch wiederholte *Vergleiche* des erreichten Istzustandes mit dem gespeicherten Ziel als Sollzustand kontrolliert. Wegen dieser rückkoppelnden Vergleichsprozesse haben die Handlungsphasen eine *Regelkreis-, Feedback- oder zyklische Struktur* (Abb. 1).

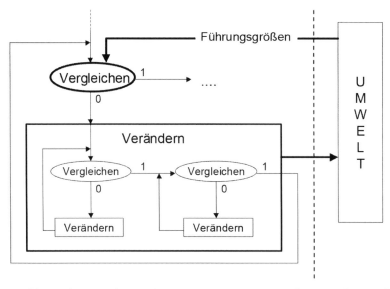

Abb. 1: Rückkoppelungseinheiten (Test-Operate-Test-Exit-Einheiten oder Vergleichs-Veränderungs-Rückkoppelungseinheiten), Miller, Galanter & Pribram (1960).

In experimentellen Untersuchungen konnte Tschan (1995, 2000, 2002) die Bedeutung eines optimalen Ablaufs von Handlungsphasen zeigen: Ein hoher Prozentsatz von Handlungszyklen, die a) vollständig waren, d.h. Orientierung,

Planung, Ausführung und Bewertungsschritte enthielten, und die b) diese Phasen in eben dieser sachlogischen Abfolge durchliefen, ging mit höherer Leistung einher. Das wurde für individuelles, dyadisches und Kleingruppenhandeln gezeigt.

Der Aufbau von Tätigkeiten, Handlungen und Operationen aus Rückkopplungseinheiten wurde von Miller, Galanter & Pribram (1960) mit dem Modell der TOTE-Einheiten (Test-Operate-Test-Exit-Einheiten) beschrieben (Abb. 1).

Für praktische Zwecke der Arbeitsanalyse und Arbeitsgestaltung kann man die skizzierten fünf Phasen umformulieren in Forderungen an eine zyklisch ganzheitliche (vollständige) Erwerbstätigkeit: Sie sollten im Sinne der DIN EN ISO 6385 nicht nur das Ausführen (A) eines vorgeschriebenen Auftrags umfassen, sondern auch das selbstständige Vorbereiten (V) (Entwickeln von Teilzielen, Planen, Entwickeln von und Entscheiden über Bearbeitungswege), Organisieren (O) (Abstimmen mit vor-, neben- und nachgelagerten Bearbeitern) sowie das begleitende und abschließende eigene rückkoppelnde Kontrollieren (K) der erzielten Ergebnisse.

Diese Rückkoppelung kann bzw. muss in der Vorstellung bzw. gedanklich vorweggenommen werden, um damit Fehlern oder Verlusten vorzubeugen (vgl. Kapitel 11).

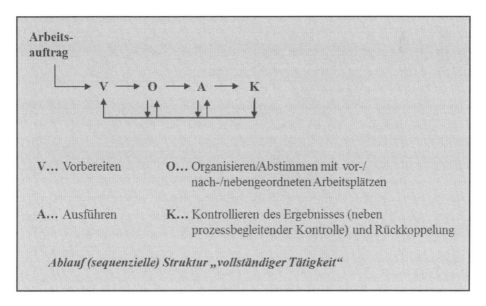

V... Vorbereiten   O... Organisieren/Abstimmen mit vor-/
                          nach-/nebengeordneten Arbeitsplätzen

A... Ausführen   K... Kontrollieren des Ergebnisses (neben
                          prozessbegleitender Kontrolle) und Rückkopplung

Ablauf (sequenzielle) Struktur „vollständiger Tätigkeit"

7 Sequenziell-hierarchische Tätigkeitsregulation: Oberflächen- und Tiefenstruktur von Tätigkeiten. Regulations-«Ebenen»/-Modi

Das Entwickeln einer Abfolge (Sequenz) von Handlungsschritten, die nacheinander bearbeitet und geprüft werden sollen, erfolgt mithilfe von mentalen (Gedächtnis-, Vorstellungs-, Denk-)Prozessen. Man erprobt anschaulich-vorstellungsmäßig oder man überlegt, welcher Schritt warum vor einem weiteren Handlungsschritt erforderlich ist. Diese mentalen Arbeitsschritte bilden die unsichtbare *Tiefenstruktur der Tätigkeit* im Unterschied zur beobachtbaren *Oberflächenstruktur* der physischen Arbeitsschritte. Die Abbildung 2 veranschaulicht das am Beispiel «Backen eines Obstkuchens».

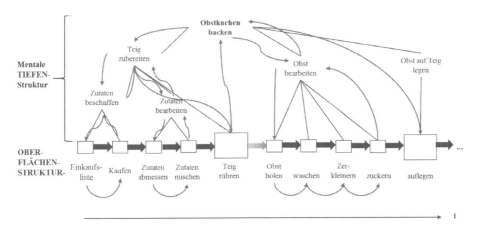

Abb. 2: Sequenzielle Oberflächenstruktur (sichtbarer Handlungsablauf) und hierarchische Tiefenstruktur (mentaler Handlungsablauf) von zielgerichteten Handlungen.

Der tatsächliche Handlungsablauf wechselt wiederholt zwischen physischen Schritten der Oberflächenstruktur und mentalen Schritten der Tiefenstruktur (vgl. dazu die Pfeile in der Abb. 2). In der mentalen Tiefenstruktur von Tätigkeiten sind verschieden umfangreiche Zusammenfassungen von Arbeitsschritten möglich. Im Beispiel fasst «Obst bearbeiten» mehrere Einzelschritte begrifflich zusammen. Das erleichtert das gedanklich-begriffliche Operieren und das Behalten. Es entlastet auch das Nadelöhr des Arbeitsgedächtnisses.

Das Berücksichtigen der Anforderungen an die Tiefenstruktur von Erwerbstätigkeiten ist *praktisch unerlässlich* insbesondere

- beim Festlegen von Ausbildungsinhalten, die sich nicht auf die sichtbaren Verrichtungsteile beschränken dürfen,
- beim Festlegen der Bearbeitungszeiten bzw. der Personalbemessung,
- beim Ermitteln von Entlohnungsgrundlagen und
- beim Konzipieren von Arbeits-/ Gesundheitsschutzmaßnahmen.

Die mentalen Prozesse der Tiefenstruktur können *verschiedenen Ebenen (Modi) der psychischen Regulation* zugeordnet werden. Gemeint ist, dass komplette Tätigkeiten durch andere psychische Sachverhalte reguliert werden als ihre Bestandteile, die Handlungen, und dass Bestandteile von Handlungen, die Teilhandlungen oder Operationen, nochmals durch andere psychische Sachverhalte reguliert sind. Tätigkeiten lassen sich daher darstellen als Hierarchien von ineinander enthaltenen (verschachtelten) zyklischen oder Rückkoppelungseinheiten (Test-Operate-Test-Exit-, d.h. TOTE-Einheiten; Miller, Galanter & Pribram, 1960) (Abb. 1). Da zyklische (sequenzielle) Regulationseinheiten hierarchisch ineinander «geschachtelt» sind, wird von sequenziell-hierarchischer Struktur der psychischen Regulation gesprochen.

In der Hierarchie von Rückkopplungseinheiten sind wenigstens drei «Ebenen» der Ausführungsregulation von Handlungen zu unterscheiden, die intellektuelle, die wissensbasierte und die automatische, die jeweils nochmals unterteilbar sind und daher relativ beliebig viele Beschreibungsebenen anbieten (Hacker, 2001) (Abb. 3).

Eine Einteilung, die der hier dargestellten sehr ähnlich ist, hat Rasmussen (1983, 2001) vorgelegt. Durch die Verwendung unterschiedlicher Begriffe kann leicht Verwirrung entstehen. Rasmussen spricht von «skill-based», also fertigkeitsbasiert, wo hier von «automatischer Regulation» gesprochen wird. Er spricht von «rule-based», wo hier von wissensbasierter Regulation die Rede ist, verwendet aber den Begriff «wissensbasiert», wo hier von der «intellektuellen» Regulation gesprochen wird. Wir bezeichnen die mittlere Ebene als «wissensbasiert», weil dabei Wissen relativ direkt, also ohne tiefgehende Analyse, nach gespeicherten Wenn-Dann-Regeln in das Handeln umgesetzt wird. Bei der hier als «intellektuell» bezeichneten Regulation hingegen sind solche Analyseprozesse gerade kennzeichnend. Wissen ist dabei auch erforderlich. Der entscheidende Prozess ist jedoch das Denken bzw. Problemlösen, weil ausreichendes Handlungswissen noch fehlt.

Die oben benannten drei Hauptebenen der psychischen Tätigkeitsregulation bieten sich als Grundeinteilung an (Abb. 3):

Die automatische Ebene stellt einen Grenzfall der kognitiven Handlungsregulation dar. Die Situationsabbilder (Sinnesmeldungen) und Ausführungsprogramme dieser Ebene lenken Bewegungen oder mentale Operationen (etwa das Spreizen der Finger beim Ergreifen eines Stifts oder das grammatikalisch korrekte Reihen von Wörtern im Gespräch) als unselbstständige, nicht durch eigene Ziele regulierte Handlungskomponenten (Operationen).

Handlungen dagegen werden durch bewusstseinsfähige Abbilder reguliert. Begrifflich formulierbare Wahrnehmungen und Vorstellungen als Wissensbestände *(wissensbasierte oder perzeptiv-begriffliche Ebene)* bereiten Handlungen vor und lösen wissensgestützte Handlungsentwürfe (Schemata) aus (Leplat & Hoc, 1980).

Psychische Ausführungsregulation		Aktions-vorbereitung («Wenn»)	Aktionsausführung («Dann»)
Bewusstheit	Modi		
bewusstseins-pflichtig	absichtsgeleitetes langsames Denken (System 2)	rationale intellektuelle Analyse	Entwickeln + Einsetzen von Strategien, Planen
Bewusstseins-fähig, aber nicht bewusstseins-pflichtig	intuitives Denken, schnell (System 1)	sparsame Heuristiken der Situationsanalyse	Handlungsschemata (mit ZBM-Struktur)
	wissens-/ erfahrungs-/ wahrnehmungs-basierte Regulation	Wahrnehmung von Situationsmerkmalen/ Abruf von Wissen/ Erfahrung (explizit und implizit)	regelgeleitete (algorithmische) Aufgabenbearbeitung
nicht bewusst-seinsfähig	automatisiert, automatisch	Aufnahme und Verarbeitung unbewusster Rezeptionen. Nutzung impliziten Wissens	automatische/ automatisierte Aktionsprozesse

Abb. 3: Modi («Ebenen») der psychischen Ausführungsregulation in der Aktionsvorbereitung und -ausführung (Hacker & Sachse, 2014).

Komplexe, meist bewusstseinspflichtige intellektuelle Prozesse sind zum Aufstellen individueller Handlungspläne und Strategien als Hauptbestandteilen von Arbeitstätigkeiten der *intellektuellen Ebene* erforderlich. Eine feinere Aufteilung für Arbeitsanalysen gibt Abb. 10 (Kapitel 11).

Die jeweils übergeordneten Ebenen enthalten die Orientierungsvorgänge und Programme der untergeordneten in abgekürzter Form und bedienen sich ihrer als Unterprogramme.

Diese hierarchische «Verschachtelung» bedeutet u.a.:

- Übergeordnete Regulationseinheiten höherer Bewusstheitserfordernis sind umfassender und enthalten (in abgekürzter Form kodiert) untergeordnete Einheiten weniger umfassender Regulationsweite und niedrigerer Bewusstheitserfordernis.
- Übergeordnete Regulationseinheiten determinieren untergeordnete.
- Indem sie Details an diese delegieren, werden sie selbst entlastet.
- Zugleich haben untergeordnete Einheiten relative Autonomie zur flexiblen Bildung von funktionellen Einheiten sowie rückwirkende Einflussmöglichkeiten auf übergeordnete Regulationseinheiten. Wegen dieser beiden Merkmale schlug Cranach (1994) den Begriff der «Heterarchie» anstatt «Hierarchie» für diese Struktur vor.

Die heterarchische Verschachtelung auf unterschiedlichen Ebenen ermöglicht zugleich, dass mehrere Ziele parallel verfolgt werden können (Multi-goal-multi-level-Konzept, Broadbent, 1985). Broadbent verallgemeinerte, dass jede einzelne Handlung mehreren Zielen dienen könne, die nicht notwendig einander untergeordnet seien, aber gleiche Wichtigkeit besitzen können. Die Heterarchie ermögliche das Verhalten von Arbeitenden besser zu erklären, so etwa, warum bei sozial hochgeschätzter Arbeit Repetitivität toleriert werde (ebenda Seiten 290–291). Nicht vereinbarte Ziele können jedoch auch zu ineffektivem Handeln, Regulationsfehlern, mentaler Belastung und «negativen» Emotionen führen (Schönpflug, 1985; Dörner, 1989).

Die psychische Regulation baut auf zielbezogenen Situationsabbildungen verschiedenen Niveaus (bewegungsorientierende kinästhetische Rezeptionen; Wahrnehmungen; intellektuelle Situationsanalysen) und Aktionsprogrammen entsprechenden Niveaus (Bewegungsentwürfe; Handlungsschemata; Pläne bzw. Strategien) auf. Es liegt eine Ziel- und Bedingungs-(Wenn) sowie Maßnahmen(Dann)-Struktur, kurz eine Ziel-Bedingungs-Maßnahmen (ZBM) Struktur vor. Die automatische Ebene macht hier eine Ausnahme, weil sie keine eigenen Ziele aufweist und daher hier nur eine Bedingungs-Maßnahmen-Struktur vorliegt. Die ZBM-Struktur beschreibt die unerlässlichen Bestandteile tätigkeitsregulierenden Wissens. Zur Tätigkeitsregulation erforderlich sind gleichzeitig

- **Z**iele als Vorwegnahme (Antizipation) des Ergebnisses und Vornahme (Intention), dieses Ergebnis durch eigene Anstrengungen zu erreichen;
- Kenntnis der **B**edingungen, unter denen das Ziel erreicht werden kann;
- Kenntnis und Beherrschung der erforderlichen **M**aßnahmen zum Verwirklichen des Ziels (prozedurales Wissen).

Wir bezeichneten in Abschnitt 2 Ziel, Bedingungen und Maßnahmen als die «*Leerstellen*», die mit Handlungswissen gefüllt sein müssen, wenn Tätigkeiten erfolgreich erfüllt werden sollen (Hacker & Sachse, 2014). In der deutschen Sprache sind die sogenannten W-Fragen ein praktikables Hilfsmittel zum Ermitteln dieses Handlungswissens (Abb. 4).

Handlungswissen muss nicht aussagbar sein. Auch implizites (schweigendes) Wissen reguliert ebenso wie unbewusste Denkprozesse (Urteils-, Entscheidungsprozesse) erfolgreich Arbeitstätigkeiten (Hassin, 2013). Das begrenzt das Benutzen der beliebten Befragungs- bzw. Self-report-Untersuchungen für das Erfassen der tatsächlichen (im Unterschied zur nachträglich auf Befragen ausgedachten) psychischen Tätigkeitsregulation.

«Unterhalb» der psychologisch relevanten Ebenen können weitere Ebenen nach physiologischen Gesichtspunkten unterschieden werden. «Oberhalb» der hier dargestellten psychischen Regulation individueller Handlungen kann von kollektiven Regulationsvorgängen gesprochen werden, die von Gruppen bzw. Organisationen – die als Handlungssubjekte angesehen werden können – realisiert werden (vgl. bspw. Tschan, 2000).

In den folgenden Kapiteln 8–10 werden Besonderheiten der psychischen Regulation für vier Klassen von Erwerbstätigkeiten behandelt:

- Tätigkeiten mit bekanntem Ergebnis und bekannter Vorgehensweise (z.B. Fertigungs-, Montagetätigkeiten).
- Regelgeleitete Wissensarbeit (z.B. Verwaltungstätigkeiten).
- Innovierende Tätigkeiten mit zu entwerfendem Ergebnis und zu findender Vorgehensweise (z.B. Entwickeln von Hard- oder Software, von Verfahren oder Lösungen für Probleme [design problem solving]).
- Dialogisch-interaktive Dienstleistungstätigkeiten mit/an Klienten/-innen (Patienten/-innen, Schülern/-innen, Käufern/-innen).

Durch die weitere Automatisierung und die Digitalisierung regelgeleiteter (algorithmischer) Wissensarbeit nehmen die letzten beiden Klassen anteilsmäßig zu.

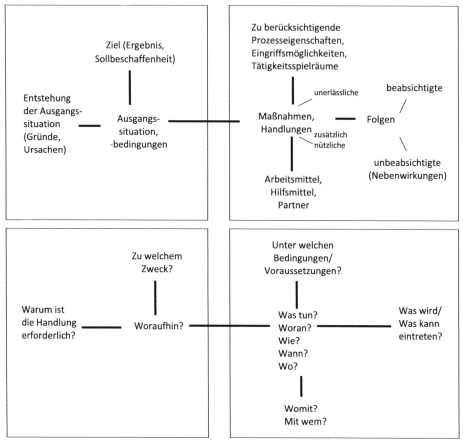

Abb. 4: «Leerstellen-Schema»: Was gehört zum handlungsleitenden Wissen? (Hacker, 1992) (oberer Teil: System der Wissensinhalte; unterer Teil: System der wissensermittelnden Fragen [W-Fragen]).

8 Psychische Regulation von Erwerbstätigkeiten mit vorgegebenem Ergebnis und bekannter Ausführungsweise: Fertigungstätigkeiten und Wissensarbeit

Zu dieser Klasse von Erwerbstätigkeiten gehören nicht nur fertigende Prozesse in der Industrie, sondern auch Wissensarbeit, z.B. Verwaltungstätigkeiten. Auch bei diesen «einfachen» Tätigkeiten sind differenzierte psychische Regulationsvorgänge erforderlich:

8.1 Gemeinsame Merkmale von Fertigungstätigkeiten und Wissensarbeit

Aus der systemtheoretischen und der psychomotorischen Forschung ist bekannt, dass für die erfolgreiche Regulation von Tätigkeiten eine unveränderliche Instanz, eine *Invariante*, bis zum endgültigen Abschluss der Tätigkeit unerlässlich ist. Diese Invariante ist das Ziel (Ashby & Conant, 1970; Bernstein, 1967).

Zu vertiefen ist des Weiteren (vgl. Abschnitt 2): Tätigkeitsaufträge werden vom Handelnden bewertet, interpretiert und entsprechend dieser Bewertung und Interpretation übernommen und ausgeführt. An dieser «*Redefinition*» von Aufträgen zu übernommenen Aufgaben mit Zielen, die man sich zu eigen macht, sind mehrere Sachverhalte beteiligt (Hackman, 1970; Hackman & Oldham, 1980):

- das tatsächliche Verstehen des Auftrags sowie das Verstehenwollen seiner Einzelforderungen;
- das Bewerten des Auftrags in Bezug auf:
  - das Anspruchsniveau der Handelnden (d.h. das Bewerten als den eigenen Leistungsmöglichkeiten angemessen oder als unter- oder überfordernd) (Lewin, Dembo, Festinger & Sears, 1944);
  - die Bedürfnislage sowie Wertvorstellungen des Arbeitenden.

Das Ziel wirkt in der Tätigkeitsregulation in fünf Funktionen:

- als kognitive *Vorwegnahme* (Antizipation) des noch zu erreichenden, künftigen Ergebnisses,
- als *motivationale Triebkraft* (Intention) des Handelns («Quasi-Bedürfnis»; was zum Handeln veranlasst, sind die «Anreizwerte» der vorweggenomme-

nen Folgen der voraussichtlichen Ergebnisse eigener Handlungen) (Heckhausen, 1983; Lewin, 1926),
- es *lenkt* das Handeln insbesondere beim Auswählen von Mitteln und Wegen und
- es wirkt als im Gedächtnis abgelegtes *Vergleichsmuster* (Efferenzkopie) für die begleitende und abschließende rückkoppelnde Kontrolle des Handelns sowie als
- *emotionales*, motivierend wirksames *Bewerten* der Zielannäherung und der Zielerreichung bzw. Zielverfehlung, als Fluss-Erleben (Csíkszentmihályi, 1990) sowie als Erfolgs- bzw. Misserfolgserleben, sofern das Ziel im Bereich des persönlichen Anspruchsniveaus (Hoppe, 1930) liegt.

Der bereits erwähnte Begriff «*Quasibedürfnis*» ist für die antriebsmittelbare *Arbeitsmotivation* im Erwerbserleben grundlegend. Ziele, die beim Übernehmen von Aufträgen oder bei selbstgesetzten Vornahmen entstehen, wirken antriebsregulatorisch gleichsam wie (quasi als; stellvertretend für) Bedürfnisse (Motive) und sind gespeist und abhängig von eigentlichen lebensbedeutsamen Bedürfnissen (Motiven [Heckhausen, 1980]; vgl. Instrumentalität; Kasten 1). Damit wird verständlich, dass auch Arbeitstätigkeiten ausgeführt werden, für die selbst kein Bedürfnis besteht (bspw. arbeitstäglich gewissenhaft und angestrengt ab 7:00 Uhr Müll zu räumen).

Ziele erfüllen ihre handlungsorganisierende Funktion in der Form der *Vornahme*. Eine vorstellungsmäßige oder gedankliche Antizipation des zu erreichenden Ergebnisses wird durch einen Entschluss zum Ausführen zur Vornahme. Die ausschlaggebende Rolle des Entschlusses beim Übergang vom Wünschen zum Wollen mit dem Aufheben der bis dahin eventuell bestehenden Tätigkeitsspielräume des Handelns wurde von Heckhausen (1983) sowie Heckhausen, Gollwitzer und Weinert (1987) als das «Überschreiten des Rubikon» (*Rubikon-Modell*) bezeichnet. Allein das Vorstellen oder Denken an das Ergebnis wirkt weder handlungsveranlassend noch handlungsregulierend. Auch das Entscheiden im Sinne des Ausschließens bestimmter Handlungswege ist noch nicht Entschließen. Das wesentlichste Kennzeichen des Entschlusses ist der praktische Vorsatz, der im Übergang vom Wünschen zum Wollen entsteht; er setzt die *Mittel-Weg-Entscheidung* («Durchführungsintention») bei gleichzeitiger Hemmung der übrigen Handlungsmöglichkeiten ein (Brandstätter et al., 2003; Carver & Scheier, 1990).

Die oben aufgezählten Funktionen von Zielen zeigen, dass sie nicht allein zum Handeln veranlassen, sondern die gesamte Handlungsrealisierung führen und kontrollieren.

Zu dieser tätigkeits- bzw. handlungsregulierenden Funktion der «Durchführungsintentionen» beim Ausführen gehören:

- das Zerlegen komplexer Ziele in Teilziele,
- das Festlegen einer möglichst optimalen zeitlichen Reihenfolge der Teilziele,
- erforderlichenfalls das Festlegen von Zeitpunkten für den Beginn und die Fertigstellung von Teilzielen und damit von Arbeitsgeschwindigkeiten,
- das Ermitteln des Vorliegens der Bedingungen für das Durchführen der Teiltätigkeiten,
- das Erinnern oder Erwägen zweckmäßiger Realisierungswege (bspw. Technologien oder Strategien) und
- das Erinnern oder Auswählen geeigneter Arbeitsmittel (Werkzeuge, Hard-/Software, Materialien) sowie Partner zum Erreichen der (Teil-)Ziele.

Bei komplexen Erwerbstätigkeiten mit mehreren Teilzielen handelt es sich bei diesen Wissensaktivierungen oder Denkvorgängen und Entscheidungen um *Handlungsplanung* als Mittel-, Weg- und Zeitplanung (Hacker & Sachse, 2014). Diese mentalen Prozesse werden in der Grundlagenforschung als «Durchführungsintentionen» oder auch «Selbstkontrollprozesse» behandelt, die bei zielgerichteten willentlichen Prozessen die Realisierung sichern helfen (Gollwitzer & Bargh, 1996; Gollwitzer, 1999; Inzlicht, Legault & Teper, 2014). Bei Erwerbstätigkeiten mit Zeit- und Kostenvorgaben sind das Entwickeln dieser Durchführungsintentionen und das Planen die unerlässliche Norm und nicht in das Belieben der Arbeitenden gestellt (Brandstätter, Heimbeck, Malzacher & Frese, 2003). Das Abschirmen der auftragsbezogenen Ziele im Erwerbsprozess von ablenkenden Zielen (Heise, Gerjets & Westermann, 1994) erhält durch die digitalen Medien und die Online-Süchtigkeit ihrer Nutzer/-innen eine neuartige Bedeutung.

Zielgerichtete und geplante Arbeitstätigkeiten mit im Auftrag weitgehend vorgegebenem Ziel sind *wirtschaftlich rationell* zum einen durch die *Antizipation*, also die ideelle Vorwegnahme des später zu erreichenden Ergebnisses als Ziel. Dadurch können Umwege sowie unzulängliche Ergebnisse wie Mängel oder Ausschuss vermieden werden. Das ist wesentlich, weil in Arbeitsprozessen das Ergebnis typischerweise nur über Zwischenergebnisse erreicht wird, die als Zwischenziele oder Teilziele vorweggenommen und nach Optimalitätskriterien gereiht werden müssen. Des Weiteren werden mit den Zielen auch Verfahren und Mittel der Zielerreichung (Handlungsprogramme) vorweggenommen. Auf diese Weise entsteht ein mentales Modell der Tätigkeit, an welchem bei Bedarf – d.h., falls die Ausführungsweise nicht festliegt – eine Optimierung «im Kopfe», also ideell vor dem praktischen Ausführen, betrieben werden kann. Die Ergebnisantizipation geht in diesem Falle bei komplexen Arbeitsprozessen zum *Planen von Abfolgen und zur Verfahrenswahl* über. Das Ermitteln einer rationellen Abfolge von Arbeitsschritten kann ein komplizierter geistiger Vorgang sein (Neubert, 1968; Pascha, Schöppe & Hacker, 2001). Dieses *Vorabplanen* (planning in advance) wird wegen der begrenzten Mentalkapazität (der Begrenzung der Arbeitsgedächtniskapazität) untersetzt durch ein feineres *Unterwegsplanen* (planning in action) (zusammenfassend aus kognitionspsychologischer Sicht: Hommel, 2002; Hayes-Roth & Hayes-Roth, 1979; aus arbeitspsychologischer Sicht zusammenfassend: Hacker & Sachse, 2014).

Zum anderen sind zielgerichtete Arbeitstätigkeiten rationell durch die korrigierende und lernanregende vergleichende *Rückkoppelung* der Zwischen- und Endergebnisse sowie der *realisierten* Programme mit den ursprünglich antizipierten Zielen und den geplanten Ausführungsweisen. Experten nehmen diese Rückkoppelung vorstellungsmäßig und/oder gedanklich vorweg und verhüten so Verluste.

«Zielsetzen» hat sich in einem anderen Begriffsverständnis (management by objectives) als außerordentlich produktive *Managementtechnik* zur Produk-

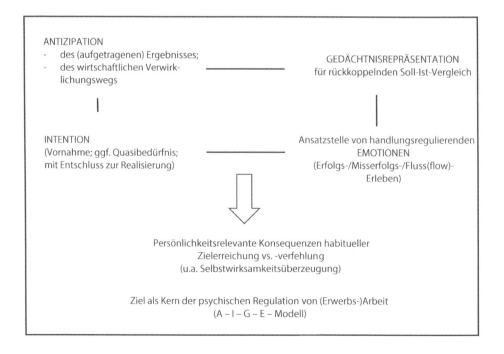

tivitätssteigerung sowohl bei gewerblichen Tätigkeiten wie auch bei Lehrtätigkeiten und Aufgaben im Humandienstleistungsbereich erwiesen. Entsprechend einer Vielzahl von Befunden sollen dabei die vorgegebenen Ziele hoch, spezifisch, eindeutig an bestimmte Personen adressiert sein und präzise operationalisierte Teilzielketten enthalten (Locke & Latham, 1990). Das technologisch am stärksten durchgearbeitete PPM-Verfahren (Partizipatives Produktivitäts-Management) betont zudem den partizipativen Charakter der Zielsetzungen, um eine hohe Zielbindung (commitment) zu erzeugen, sowie die zentrale Funktion der Ergebnisrückmeldungen als Lern- und Motivierungshilfen (Pritchard, Kleinbeck & Schmidt, 1993; Kleinbeck & Schmidt, 2004).

8.2 Besonderheiten der Regulation algorithmischer Informationsverarbeitung – Wissensarbeit[1]

«Wissensarbeit» bezeichnet das Bearbeiten von Information nach vollständig oder nur teilweise vorgegebenen Regeln.

Zum erforderlichen Wissen gehört das Wissen um die bei einem Auftrag zu berücksichtigenden Regeln und die zu beachtenden Bedingungen.

Das Vorliegen von Bearbeitungsregeln unterscheidet Wissensarbeit von innovierender, schöpferischer Denkarbeit (vergleiche dazu Abschnitt 9).

Bei Wissensarbeit kann die im voranstehenden Abschnitt dargestellte Regulation besondere Erschwernisse aufweisen, die durch eine große Menge und die Beschaffenheit der «Information» bedingt sind und mit dem Einsatz vernetzter digitaler Arbeitsmittel zusammenhängen:

Mit dem Verbreiten vernetzter digitaler Arbeitsmittel und der E-Mail-Kommunikation wuchs bei Wissensarbeit die Häufigkeit von Klagen über «Informations»überlastung bzw. Zeitdruck bei der Informationsverarbeitung: Viel bzw. zu viel «Information» sei in der verfügbaren Zeit zu bearbeiten (Drössler et al., 2018). Die Bezeichnung als Informationsüberlastung ist unzutreffend und irreführend: Häufig liegen zwar zu viele auftragsirrelevante Daten vor, aber tätigkeitsleitende Information kann gleichzeitig fehlen. Verzögerungen durch das Beschaffen fehlender Information sind eine wesentliche Ursache für sozial und/oder wirtschaftlich belastende Unterbrechungen im Informationsfluss (z.B. Baethge & Rigotti, 2013; Rigotti, 2016).

---

[1] Vgl. Hacker, W. (2020a). Arbeitsgestaltung als Informationsmanagement: Ermitteln des Informationsbedarfs und Gestalten des Informationsflusses. Zeitschrift für Arbeitswissenschaft.

Das Erleben von Informationsüberlastung kann mehrere Quellen haben:

a. Die Arbeitenden werden durch Daten behelligt, die mit dem Ausführen ihres bearbeiteten Arbeitsauftrags nichts zu tun haben, also stören und dabei Zusatzaufwand erzeugen (Baethge & Rigotti, 2013).
Zu diesen störenden Meldungen gehören z.B. überflüssige CC-Setzungen lediglich zur Absicherung, zum Erzeugen des Eindrucks von Aktivität, Kommunikationen, die durch fehlende Vertretungsregelungen, unklare oder übertriebene Arbeitsteilung erzeugt werden, oder Spam.
Störungen liegen auch dann vor, wenn derartige Meldungen nicht gelesen werden, sondern nur ihr Eingang reflektorisch registriert wird (Eyrolle & Cellier, 2000).
b. Nicht prinzipiell auszuschließen ist, dass Arbeitende zur Informationsüberlastung selbst beitragen aufgrund der Verführung zu privater Nutzung der sozialen Media während der Arbeitszeit.
c. Eine (zu) hohe Menge informationsüberarbeitender Arbeitsaufträge für die verfügbare Zeit.
Abhilfe hierbei kann die anforderungsgerechte Bemessung der Auftragsmenge für die verfügbare Zeit bzw. der verfügbaren Zeit für die geforderte Menge (Zeit- und Personalbemessung) schaffen (Rau & Göllner, 2018; Hacker, 2020b).
d. Ein (zu) hoher Bearbeitungsaufwand durch die inhaltlichen und organisatorischen Anforderungen des informationsverarbeitenden Arbeitsprozesses, insbesondere durch
   d.1 die Anzahl gleichzeitig zu berücksichtigender Merkmale je Arbeitsschritt, welche die begrenzte menschliche Verarbeitungskapazität übersteigt und daher zusätzliches Behalten (Merken) und Wiederaufnehmen von Überlegungen mit zusätzlichem Zeitbedarf erzeugt (Cowan, 2010).
   d.2 Mangelhafte Gebrauchstauglichkeit der Information, die Zusatzaufwand mit zusätzlichem Zeitbedarf erfordert.
   d.3 Verbesserungsbedürftige Arbeitsorganisation, die zusätzlichen Aufwand und Zeitbedarf erzeugt, u.a. durch Störungen, Ablenkungen, Unterbrechungen und Tätigkeitswechsel, die zusätzliches Behalten des unterbrochenen Arbeitsschrittes und Wiedereinarbeitung erfordern (Czerwinski, Horvitz et al., 2004).

Der Zusatzaufwand bei d.2 und d.3 belastet die begrenzte Verarbeitungskapazität (d.1) und verschlechtert dabei auch die Einprägungsaktivitäten und das Behalten für ein späteres Wiederaufgreifen. Damit entsteht ein «Teufelskreis».

Informationsüberlastung hat sowohl soziale als auch wirtschaftliche Folgen:

Das Wohlbefinden der Arbeitenden kann durch die wahrgenommene Überforderung beeinträchtigt sein (Junghanns & Kersten, 2020). Mittelfristig kann das beeinträchtigte Wohlbefinden Gesundheitsbeeinträchtigungen zur Folge haben, die zu Arbeitsbefreiungen führen können.

Im Zusammenhang damit können die Arbeitsleistungen – in Abhängigkeit von der Anforderungsart – in Qualität und/oder Menge beeinträchtigt sein (Seidler et al., 2018).

Abhilfe gegen das Überlasten der begrenzten Verarbeitungskapazität kann insbesondere das Unterscheiden zwischen tatsächlichem «Informationsbedarf» und «Daten» im Informationsmanagement schaffen; in einzelnen Fällen gegebenenfalls auch das Zusammenfassen mehrerer Einzelmerkmale zu einem Komplexmerkmal.

Abhilfe bei mangelhafter Gebrauchstauglichkeit der tatsächlich benötigten Information ist das Sichern gebrauchstauglicher Information durch handlungsgerechte Informationsgestaltung.

Abhilfe bei verbesserungsbedürftiger Arbeitsorganisation als Quelle der Informationsüberlastung ist durch überlegte Wahl des Informationsmediums anstelle der Digitalisierung um jeden Preis sowie durch daten- (nicht informations-)reduzierende und störungs-/unterbrechungsfreie Arbeitsorganisation zu schaffen.

Im Einzelnen:

Daten oder Informationen?

Trotz vieler eintreffender Daten kann die erforderliche Information für das sachgerechte Ausführen einer Arbeitstätigkeit oder für das Fällen von Entscheidungen fehlen.

Abgesehen von objektiv fehlender, zunächst zu ermittelnder, zu recherchierender oder gar zu erforschender Information, kann Information im Arbeitsprozess fehlen aufgrund von Mängeln im inner- und zwischenbetrieblichen Fluss der benötigten Information.

Diese Mängel gehen häufig zurück auf subjektive Unklarheiten, wer welche Information wem wann zu geben hat («Bringe-Information») und wer welche Information von wem zu erfragen hat («Hole-Information»).

Hierbei kann ein Kommunikationsdilemma entlang einer Wertschöpfungskette vorliegen, dem ein betriebliches Informationsmanagement vorbeugen müsste:

Der Informationsgeber eines nachgeordnet arbeitenden Informationsnehmers hat individuelle Annahmen, welche Information dieser wann benötigt («was er/sie wissen muss») sowie welche Information er bereits besitzt («was er/sie weiß») sowie welche Information er geben muss («Bringe-Information») und welche der andere sich holen wird/sollte («Hole-Information»).

Außerdem sieht man die Arbeitsanforderungen anderer durch die «Brille» der eigenen Anforderungen. Bei artteiliger Arbeitsteilung können damit unterschiedliche Meinungen über den objektiven Informationsbedarf eines Arbeitsplatzes entstehen (Hacker, 2008).

Das Ermitteln bestehender Informationsflussmängel und der Verletzung von Hol- und Bringepflichten von Informationen allein durch die Befragten wäre heikel: Wenn ein Erwerbstätiger nicht realisiert, dass er über eine Information verfügt, die ein anderer benötigt, ist es schwierig, dies von ihm zu erfragen.

Das Auswerten dokumentierter Daten (Dokumentenanalyse) kann Verbesserungsbedarf im Informationsfluss erkennbar machen (z.B. dokumentierte Reklamationen, Lieferirrtümer, Nacharbeit, Stillstandzeiten wegen fehlender Informationen). Vertiefend sind Beobachtungsinterviews (Kuhlmann, 2002) unerlässlich.

Bei Wissensarbeit ist das Unterscheiden zwischen tätigkeitsregulierender Information und irrelevanten Daten leistungs- und befindensbestimmend:

Der umgangssprachliche Informationsbegriff eignet sich nicht für das betriebliche Informationsmanagement. Er kann zum Erleben von Informationsüberlastung beitragen und ein rationelles Informationsmanagement behindern.

Im Erwerbsarbeitsprozess wird zur Auftragserfüllung nur «Information» im informationswissenschaftlichen Verständnis benötigt. Das sind Sachverhalte, die bestehende Unklarheiten (Nichtwissen) beseitigen, im Erwerbsprozess sind das Unklarheiten der Bearbeiter bezüglich ihrer zu bearbeitenden Arbeitsaufträge, der Ausführungsbedingungen und von ihnen zu treffender Entscheidungen.

Was keine diesbezüglich bestehende Unklarheit beseitigt, ist keine handlungsleitende «Information». Daher gibt es nicht «zu viel Information», die zu viel handlungsbezogene Unsicherheit beseitigt, aber sehr wohl zu viele Daten (Attneave, 1965).

Das Zuführen, Anbieten oder Beschaffen und Bearbeiten auftragsirrelevanter Daten besetzt unnütz die begrenzte mentale Verarbeitungskapazität der Arbeitenden und stört dadurch den Arbeitsprozess.

Praktische Schlussfolgerung:

Die Grundlage betrieblichen Informationsmanagements ist

- das Unterscheiden von Information als Beseitigung von Nichtwissen bezüglich der Arbeitsaufträge im informationswissenschaftlichen Sinn von Daten als aufgabenirrelevanten Meldungen. Zum Ermitteln des Bedarfs an Information i.e.S. kann ein Hilfsmittel dienen (vgl. unten);
- das Abschirmen der Arbeitenden bei der Erwerbstätigkeit von überflüssigen Daten. Verbreitete Lösungen hierzu sind z.B. Spam-Filter in digitalen Arbeitsmitteln oder organisatorische Vorkehrungen gegen unnötige CC-Setzungen in E-Mails.

Beim Erwägen des Abschirmens von überflüssigen und beeinträchtigenden Auseinandersetzungen mit Daten ist zu beachten, dass die Beeinträchtigung nicht beschränkt ist auf das bewusste Aufnehmen: Daten – z.B. Gespräche im Hintergrund, das Anzeigen einer E-Mail – lenken auch reflektorisch die Aufmerksamkeit ab, besetzen die begrenzte Verarbeitungskapazität und stören den Arbeitsprozess.

Das Nutzen vernetzter digitaler Arbeitsmittel vervielfacht die Datenflut – umgangssprachlich «Informationsflut» – durch Vernetzungen über Raum und Zeit. Erforderlich ist also ein Informationsmanagement, das zum Verhüten der Datenflut den auftragsbedingten Informationsbedarf ermittelt:

Da «Information» – jenseits des umgangssprachlichen Gebrauchs – im Erwerbsarbeitsprozess bezeichnet, was Unklarheiten beim Erfüllen eines konkreten Arbeitsauftrags beseitigt, ist beim Ermitteln des Informationsbedarfs in Erwerbsarbeitsprozessen zu bestimmen, was diese Unklarheiten sind und was sie behebt.

Das ist nicht identisch mit dem Datenüberschuss, der die umgangssprachliche «Informationsflut», «Informationsüberlastung» etc. erzeugt.

Es geht dabei nicht um das Aufspüren möglicher Wissenslücken, sondern um Defizite in der aktuellen Kommunikation zum konkreten Arbeitsprozess.

Informationsbedarf ermitteln – wie?

Ein kognitionswissenschaftlich begründetes (z.B. Hacker, 2005; Hacker & Sachse, 2014) und praktisch bewährtes Hilfsmittel wird umgangssprachlich als «W-Fragen-Konzept» bezeichnet. Es baut auf dem Konzept des Handlungsschemas mit seinen «Leerstellen» (slots; Schank, 1982) auf, die die W-Fragen füllen. Es wurde gezeigt (Hacker et al., 1991), dass dieses Konzept anderen, z.B. dem GOMS-Konzept (Card et al., 1983), bei der Ermittlung des Informationsbedarfs überlegen ist.

Damit wird ermittelt:

- ob überhaupt Informationsbedarf besteht (ob = whether),
- wer Unklarheiten/Informationsbedarf hat,
- was ihm/ihr unbekannt ist,
- wofür der Nutzer diese Information benötigt,
- warum die Unklarheit/der Informationsbedarf vorliegt (z.B. weil der Nutzer auf die Information des Gebers angewiesen ist und der Informationsfluss gestört ist?),
- wann die Unklarheit behoben werden muss (z.B. um nicht zu stören),
- in welcher Beschaffenheit (begrifflich, bildlich etc.) die Information benötigt wird.

Keine dieser W-Fragen ist überflüssig: Um für den Arbeitsprozess nützliche Information zu geben, muss klar sein, wann sie warum wozu in welcher Form benötigt wird.

Die Schwierigkeit besteht darin, dass die jeweiligen Informationsgeber zutreffend wissen – nicht vermuten – müssten, welche Information der Nutzer wann etc. benötigt. Tatsächlich besteht aber häufig nur begrenzt Einblick in seinen aktuellen Wissensbedarf.

Durch geeignete Gestaltung der Arbeitsorganisation können diese verlustträchtigen Mängel im Informationsfluss verringert werden: beispielsweise durch regelmäßige Arbeitsplatzwechsel (Arbeitsrotation) zum Wissensaufbau über die Anforderungen an benachbarten Arbeitsplätzen als Voraussetzung wechselseitiger Unterstützung oder Vertretung – nicht nur bei Krankheit oder Urlaub, sondern auch, um ein Kurzpausensystem ohne Arbeitsausfall zu ermöglichen (Graf, 1970).

Weitere Möglichkeiten des Informationsmanagements zum Verringern des Fehlens handlungsregulierender Information sind – außer den erwähnten Recherchen und Untersuchungen – Verbesserungen der tätigkeitsbezogenen Kommunikation in regelmäßigen lern-/kompetenzfördernden Arbeitsberatungen und moderierten Gruppendiskussionen (Pietzcker & Looks, 2010; Hacker, 2018b) der informationell verknüpften Arbeitenden.

Die Informationsbedarfsermittlung, geleitet durch das W-Fragen-System als Hilfsmittel, ist ein unerlässlicher Teil der leistungs-, lern- und gesundheitsfördernden («menschengerechten») Arbeitsgestaltung, wie in der DIN EN ISO 6385 (2016) sowie der Gefährdungsbeurteilung gefordert.

Die Informationsbedarfsermittlung kann das Zusammentragen der Erfahrungen mehrerer Beschäftigter und deren Abstimmung in einem zeitweiligen moderierten Kleingruppenprozess («Qualitätszirkel») erfordern (vgl. Pietzcker & Looks, 2010).

Das Ergebnis der Informationsbedarfsermittlung sollte dokumentiert werden, um als Weiterbildungsgrundlage in Arbeitsbesprechungen in Erinnerung gebracht zu werden und als Einarbeitungshilfe bei Neubesetzungen verfügbar zu sein.

Hilft jede Information bei der Handlungsregulation?

Die oben angeführte Frage, «in welcher Beschaffenheit» eine Information benötigt wird, ist zu vertiefen. Sie führt zur «Gebrauchstauglichkeit» in Anlehnung an DIN EN ISO 9241-11 (2018).

Die Forderung nach Gebrauchstauglichkeit der Information bedeutet, dass nicht nur irgendwie benötigte Informationen – anstatt aufgabenirrelevanter Daten – geboten werden sollen, sondern dass sie die für die Handlungsregulation erforderliche Darstellung haben muss, um «Übersetzungsaufwand» zu sparen.

Nicht gebrauchstaugliche Information benötigt zusätzlich Zeit und mentalen Aufwand für das Umformen in gebrauchstaugliche Form und kann damit zum Erleben von beanspruchender Informationsüberlastung und zur Leistungsminderung beitragen.

Zu prüfen und erforderlichenfalls zu korrigieren ist

– zeitliche Passung, d.h. Informationszuführung zum Bedarfszeitpunkt (nicht zu spät, aber auch nicht zu früh [sonst Störung bei anderer Tätigkeit; Behaltens- und Erinnerungsaufwand])
– Vollständigkeit

- kein Umformungsbedarf (begrifflich in bildlich; fachchinesisch in beherrschte Sprache; fremde in betriebsrelevante Maßeinheiten)
- klare Zuordnung zum Bedarf (z.B. Betreff-Angabe)
- Reihenfolge der Angaben gemäß der erforderlichen Bearbeitungsreihenfolge
- keine redundante (weitschweifige) Darstellung

Die praktische Konsequenz ist:

Es genügt nicht, die benötigte Information – anstatt aufgabenirrelevanter Daten – zu bieten. Sie sollte auch handlungsleitend sein, d.h. Zeitverluste und Einsatzbeanspruchung vermeiden.

Eine Hilfe dafür können die genannten sechs Prüfmerkmale sein.

Das Schaffen von leistungs- und gesundheitsfördernden Bedingungen für die Regulation von Wissensarbeit erfordert nicht nur das dargestellte Ermitteln handlungsleitender Information – im Unterschied zu handlungsirrelevanten, störenden Daten – und die gebrauchstaugliche Darstellung dieser Information.

Um beide Gestaltungsziele verwirklichen zu können, müssen in der Regel arbeitsorganisatorische und informationstechnische Maßnahmen ergriffen werden:

Arbeitsorganisation kann Informationsbedarf steigern

Die Vernetzung digitaler Arbeitsmittel verändert nicht selten die Arbeitsorganisation, ohne dass alle Folgen bedacht werden. Die Informations- bzw. Datenflüsse können sich dabei vermehren, ohne Mehrwert zu erzeugen:

- Die Art der Arbeitsteilung bzw. Arbeitskombination bestimmt den erforderlichen Informationsfluss und damit das mögliche Erleben von Informationsüberlastung. Je stärker die Arbeitsteilung als Artteilung (Teilung zwischen Tätigkeitsarten wie Vorbereiten, Organisieren, Ausführen, Kontrollieren) ist (zu Art- vs. Mengenteilung als Formen der Arbeitsteilung vgl. Kapitel 5.2, in Hacker & Sachse, 2014), desto umfangreicher ist der erforderliche Abstimmungs-/Kommunikationsbedarf, d.h. der Informationsfluss. Da die Informationsgeber nicht notwendigerweise den Informationsbedarf der Empfänger kennen, sind Zusatzaufwände mit vermehrtem Informationsaustausch möglich.
Die Reduktion überzogener Arbeitsteilung durch Arbeitserweiterung; Arbeitsbereicherung oder Arbeitsrotation reduziert den organisationsbedingten überflüssigen Informationsfluss (Hacker, 2008).

- Die Fragmentierung der Arbeit beim Multi-Tasking, bei Projektorganisation oder Servicekonzepten durch Wechsel zwischen zu bearbeitenden Aufgaben und dadurch Unterbrechungen mit dem Vergessen und Wiedereinarbeiten verursacht Zeitverluste und kann auch zum Eindruck von Informationsüberlastung beitragen (Eyrolle & Cellier, 2000).

  Der Wechsel zwischen Aufgaben («Agilität») hat Kosten.

- Mit der Vernetzung digitaler Arbeitsmittel wächst die Anzahl der Personen, die meinen, mit einer Aufgabe zu tun zu haben. Mit der Anzahl der Beteiligten nimmt jedoch die Effizienz der Kommunikation ab (Ringelmann-Effekt; Zysno, 1998), sofern diese nicht sachkundig moderiert wird (Pietzcker & Looks, 2010).

  Das Festlegen eindeutiger Zuständigkeit und Verantwortung reduziert überflüssigen Informationsfluss.

Praktisch folgt:

Durch unzweckmäßige oder mangelhafte Organisationsgestaltung kann Daten- und auch Informationsfluss erzeugt werden, der zu Zeitverlusten und Fehlermöglichkeiten führt, die durch Reorganisation zu beheben sind.

Informationsmedium und informationstechnisches System überlegt wählen

Des Weiteren ist die überlegte Wahl des Informationsmediums erforderlich:

Nicht jede Information muss schriftlich ausgetauscht werden, weil digitale Arbeitsmittel verfügbar sind.

Es gibt gewichtige Gründe, herkömmliche, «analoge» Informationsvermittlung durch Zweiergespräche von Angesicht zu Angesicht oder per Telefon sowie Arbeitsbesprechungen mit physischer Anwesenheit der Arbeitsgruppenmitglieder beizubehalten – und auch nicht durch Ablenkungen durch das Smartphone unterlaufen zu lassen:

- im Face-to-Face-Gespräch ist der Partner zeitgleich als Mensch – nicht nur als E-Mail-Adresse – gegenwärtig;
- Sehen und Hören, Aussage und Ausdruck (Mimik, Gestik, Sprach-Melos) sind wirksam zur Informationsübermittlung;
- ein Wechselgespräch anstatt zeitlich versetzten Textaustauschs findet statt;
- damit wird bei Bedarf Gemeinsamkeit im Prozess der Ideenentwicklung und Lösungsentwicklung möglich («unsere» Lösung);

- Missverständnisse werden im Entstehen erkennbar und damit vermeidbar;
- gesprochene Sprache ist für die Mehrzahl der Menschen leichter verständlich und informativer als Schriftsprache.

Arbeitsbesprechungen «vor Ort», gegebenenfalls mit Demonstrationen, Vor- und Nachmachen von Handlungen, haben größeren Lern- und Erinnerungseffekt als digitale Darstellungen allein. Am größten ist der Behaltenseffekt beim Veranlassen zu handschriftlichen anstatt tastaturvermittelten, «eingetippten» Notizen (Mueller & Oppenheimer, 2014).

Die Möglichkeit der Medienwahl sollte bewusst genutzt und bezogen auf eine menschengerechte Arbeitsgestaltung überdacht werden. Auch darin besteht eine Möglichkeit, mögliche Informationsüberlastung bei der Arbeit mit digitalen Arbeitsmitteln zu reduzieren.

Das Auswählen oder Gestalten von gebrauchstauglichen informationstechnischen Systemen (Hard- und Software) unterstützt die DIN EN ISO 9241-11 (2018) mit differenzierten praktischen Hinweisen.

Bei der Auswahl von informationstechnischen Systemen für die «digitale Transformation» sind neben informationstechnischen auch folgende inhaltliche Fragen zu berücksichtigen: Leisten diese Systeme

- technische Unterstützung beim Ausschluss nicht arbeitsbezogener, privater Informationsflüsse während der Arbeitszeit;
- technische Unterstützung beim Reduzieren von für den jeweiligen Adressaten auftragsirrelevanten Daten;
- technische Unterstützung bei gezielten anstatt breit gestreuten Adressenfestlegungen im Interesse des Vermeidens von überflüssigen CC-Setzungen;
- technische Unterstützung beim Einhalten gewünschter störungsfreier (z.B. E-Mail-freier) Arbeitszeiten von Adressaten;
- ein Angebot optimierter Textbausteine für einen gebrauchstauglichen Informationsfluss zu wiederkehrenden Inhalten;
- die Wahl zwischen automatischer versus menschengestützter Ausführung von Arbeitsprozessen/-schritten durch die Arbeitenden (z.B. zum Erhalten ihrer Qualifikation für den Fall von Systemstörungen)?

Die dargestellten Aspekte des Informationsmanagements und ihre jeweiligen Einzelmerkmale sind ein System von Hilfen für das Bewerten und das Gestalten von Wissensarbeit im Interesse sowohl der Arbeitsleistung als auch des Vermeidens von informationeller Fehlbeanspruchung der Arbeitenden.

9 Psychische Regulation von innovierenden Erwerbstätigkeiten mit gesuchtem Ziel: Opportunistische Tätigkeitsregulation mit systematischen Episoden

Bei innovativen Arbeitstätigkeiten handelt es sich um Arbeitstätigkeiten mit problemfindenden sowie sodann problemlösenden Anteilen, um die Entwurfstätigkeiten mit hohen Anteilen des sogenannten Entwurfsdenkens oder Entwurfsproblemlösens (*design thinking, design-problem-solving*; Caroll, Miller, Thomas & Friedman, 1980; Hacker, 2002; Sachse & Specker, 1999; Wetzstein & Hacker, 2004a, b). Beispielsweise geht es dabei um das Entwerfen von Maschinen, Programmen, Verfahren – auch Lehr- oder Therapieverfahren –, Gebäuden, Substanzen, Kunstwerken und anderen Artefakten. Die hohe Komplexität vieler Entwurfstätigkeiten bedingt häufig Unsicherheit (Norros, 2004).

Beim Entwurfsproblemlösen ist das spezifische Ziel oft noch zu finden. Gegeben ist bestenfalls ein mehr oder weniger schlecht definierter Zielrahmen: Es wird eine Lücke zwar umschrieben, aber sie kann nicht mit einem antizipierbaren Ergebnis bereits gefüllt werden.

Damit ist die zielgerichtet voranschreitende hierarchisch-sequenzielle Handlungsorganisation nicht ohne Weiteres möglich: Die Gesamtlösung, die zielgerichtet und abfolgeoptimal in Teillösungen zu zerlegen wäre, ist noch nicht oder nur als Hypothese bekannt.

Hier wird ein hybrides Vorgehen genutzt, das als «*opportunistisch mit systematischen (zielgerichtet-geplanten) Episoden*» bezeichnet wurde (Visser, 1994). Es handelt sich dabei einerseits weder um Versuch-Irrtum-Prozeduren noch lediglich um ein «Durchwursteln» (muddling through), andererseits aber auch nicht um ein systematisches Zerlegen eines Gesamtauftrags in Teilaufträge und eines Gesamtzieles in Teilziele. Eben diese Teilziele sind im Wesentlichen erst noch zu finden (vgl. Abb. 5).

Wenigstens fünf Merkmale beschreiben dieses nicht hierarchisch-sequenzielle, hybride Vorgehen:

(1) Es werden nicht selten einzelne Lösungsmöglichkeiten verfolgt, bevor das noch zu identifizierende Problem überhaupt tiefgründig untersucht und damit das Gesamtziel klar herausgearbeitet ist. Stattdessen wird eine nach einem «Gefühl der Nähe» einschlägig erscheinende Lösungsmöglichkeit

hypothetisch verfolgt. Es liegt ein *vermutungsgeleitetes* Handeln bei noch unvollständiger Zielspezifizierung vor (Hillier, Musgrove & O'Sullivan, 1984). Erst dabei und mithilfe der Hypothesen werden zu beachtende Bedingungen erkundet, zu verfolgende Teilziele erkannt und so die Komplexität des Gesamtproblems reduziert (Bucciarelli, Goldschmidt & Schön, 1987).

(2) Geistige Arbeitstätigkeiten vom Typ der Entwurfs- und auch der Diagnosetätigkeiten profitieren vom Handlungsaufbau aus Rückkoppelungseinheiten. Sie verlaufen in einem *Erzeugungs-Bewertungs-Zyklus* als iterativem Korrekturprozeß (Smith & Browne, 1993): Es werden hypothesengeleitet – also nicht im blinden Versuchsirrtum – Lösungsschritte testend begangen und am Ergebnis wird ihre Brauchbarkeit bewertet. Es liegt also auch ein fortlaufender *Fehlerkorrekturprozess* vor, nicht nur ein Prozess zielgerichteter Lösungsentwicklung.

Dieser Erzeugungs-Bewertungs-Zyklus ist auch in einem erweiterten Sinne wirksam: Eine geeignet gestaltete Reflexionsphase, nachdem die Be-

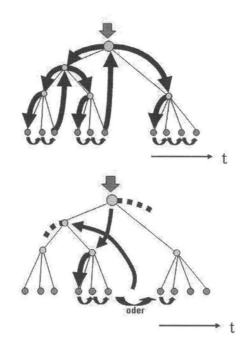

Abb. 5: Sequenziell-hierarchisches Abarbeiten eines bekannten Gesamtziels (oben) vs. «opportunistisches» Vorgehen mit systematischen Episoden bei gesuchtem Ziel (unten).

arbeiter ihr Entwicklungsproblem als gelöst und abgeschlossen betrachten, kann zu signifikanten Verbesserungen der Lösungsgüte des Produkts führen (Wetzstein & Hacker, 2004a, b; Winkelmann, 2005).

(3) Bei dem nur wenig gerichteten «Schweifen der Ideen» hat der Arbeitende unscharfe Ähnlichkeitsassoziationen mit Sachverhalten aus seinem *Vorwissen*, die auf Wiederverwertbarkeit als Teillösungen für das aktuelle Problem beurteilt werden. Diese Sachverhalte sind die sogenannten «Gelegenheiten» *(opportunities)*. Dabei handelt es sich um ein fallbasiertes Schlußfolgern (case-based reasoning). Dieses *wissensbasierte Vorgehen*, d.h. ein Vorgehen, das zunächst prüft, inwieweit bereits mit vorhandenem Wissen (bspw. den sogenannten Designprototypen [Rowe, 1987]) ein Problem gelöst wird, ist die Elementarform der psychischen Regulation von Arbeitstätigkeiten: Bei gleichartig wiederkehrenden und häufig wiederholten Anforderungen entstehen automatisierte Verhaltenskomponenten (Fertigkeiten, Routinen); nur bei Problemen, die mit vorhandenen Wissen nicht gelöst werden können, sind intellektuelle Analyse- und Programmentwicklungsschritte erforderlich.

(4) Ein weiteres Merkmal ist ein *Analyse-durch-Synthese*-Prozess:

- Mehrere aus explizitem oder implizitem Vorwissen aktivierte hypothetische Teillösungen werden auf ihre Verknüpfbarkeit miteinander untersucht.
- Diese Teillösungen werden auf Nutzbarkeit für die noch immer unscharfe Gesamtlösung bewertet.
- Anhand der verworfenen und der vorerst akzeptierten Lösungen für Systemteile wird ein Entwurf des Gesamtsystems entwickelt, der nun zunehmend als Gesamtziel wirksam werden kann.

Dabei greifen die «opportunistische» Wissensnutzung und Episoden eines systematischen Zerlegens und Präzisierens des Gesamtauftrags in seine Teilziele in eineinander. Diese Vorstellung entspricht dem *Task-episode-accumulation-Modell (TEA)* (Ullman, Dittrich & Stauffer, 1988): Nach einer hypothetischen, vorläufigen Dekomposition einer Gesamtaufgabe werden lokal, auf das Vorwissen gestützt, systematisch und teilzielgerichtet Alternativen für ein Teilziel (Episode) entwickelt und auf ihre Passfähigkeit mit dem Gesamtziel geprüft. Diese systematisch erarbeiteten Teilziele (Episoden) werden genutzt, um das Konzept der Gesamtlösung akkumulativ zu präzisieren und umgekehrt die Teillösungen auf ihre Passfähigkeit mit dieser Gesamtlösung zu bewerten und erforderlichenfalls zu korrigieren.

(5) Schließlich ist es auf der untergeordneten Ebene der Teilziele sogar möglich, dass sich aus Teilzielen weitere Handlungsschritte gleichsam von selbst ergeben und zu zweckmäßigen Handlungen verbinden. Das sind Schritte, die der Arbeitende zuvor nicht absichtsvoll entwickelt und mit anderen verknüpft hat. Es handelt sich um den Beitrag bedingungs-(cue)-geleiteten Operierens zur Ergebnisgerichtetheit des Handelns. Eine Erklärungsmöglichkeit hierfür bietet der heterarische Aufbau des Handelns, in dem zwar auf übergeordneten Regulationsebenen *Ziel-Bedingungs-Maßnahmen-Einheiten* vorliegen, auf untergeordneten jedoch lediglich *Bedingungs-Maßnahmen-Einheiten*. Im Verlaufe der Tätigkeit auftretende Bedingungen rufen hierbei assoziativ aus dem Gedächtnis Maßnahmen ab, die sich beim Vorliegen dieser Bedingungen früher bereits bewährten. Diese Bedingungen sind jedoch keine Ziele im Sinne von Antizipationen angestrebter Ergebnisse, tragen aber zum Erreichen des Ziels wirksam bei.

Bei Erwerbstätigkeiten vom Typ innovierender Forschung und Entwicklung entstehen besondere Anforderungen in den sogenannten frühen Phasen des Entwerfens, das heißt dem Identifizieren des Problems, dem Erzeugen von möglichen Lösungswegen und alternativen Lösungsprinzipien sowie dem Auswählen möglicherweise geeigneter Prinzipien zur weiteren Ausarbeitung. Die erste Lösungsidee muss keineswegs die beste sein (eingehender vgl. Hacker, 2002).

Wirkungsvolle Unterstützungsmöglichkeiten sind (1) das sogenannte Externalisieren, (2) das Nutzen von Systemen lösungsbegünstigender Fragen sowie (3) spezifische Organisationsformen von dyadischer Kooperation bzw. von Gruppenarbeit.

Im Einzelnen:

Das «*Externalizing*», also das Einschalten von «äußerem Denken» zusätzlich zum inneren als Skizzieren, Notieren, Modellieren oder Aussprechen im Diskutieren, folgt Empfehlungen der entwicklungspsychologischen Interiorisierungs-Exteriorisierungs-Theorie (Galperin, 1966), bei Schwierigkeiten im Problemlösen externe, motorische Bestandteile der beim Erwachsenen verinnerlichten (interiorisierten) intellektuellen Prozesse wieder einzubeziehen («Denken mit der Hand»; «allmähliche Verfertigung des Gedanken beim Sprechen», von Kleist, 1925). Die umfangreiche diesbezügliche Forschung unterstützt dieses Vorgehen (Sachse, 2002; Sachse & Hacker, 2012; Bilda, Gero & Purcell, 2006; eingehender bei Hacker & Sachse, 2014, Kap. 14).

Die Abbildung 6 skizziert das Interiorisierungs-Exteriorisierungs-Konzept.

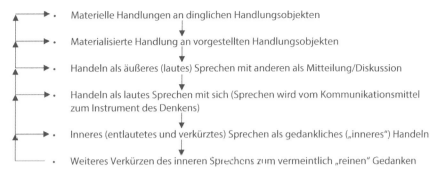

Abb. 6: Phasen der Entstehung «geistiger Handlungen» (Interiorisierung) und deren Umkehrbarkeit (vgl. Pfeile links) bei Bearbeitungserschwernissen (Exteriorisierung) nach Galperin (1966, S. 36 f.).

Das Nutzen von Systemen *lösungsbegünstigender Fragen (question-answering-techniques)* nutzt Fragewortfragen, die auf das System der semantischen Relationen zielen, die jedes technische, biologische oder soziale System erschöpfend beschreiben (vgl. Abbildung 4 im Kapitel 7). Das sind u.a. die Konditional-, Kausal-, Final-, Instrumental- und Temporal-Relation. Auf sie zielen die Fragen nach warum, wozu, womit, wodurch, unter welchen Voraussetzungen etc. Die kognitionspsychologischen Grundlagen hierfür stellte Krause (2000) eingehend dar. Zum Beantworten dieser Fragen werden Denkprozesse erforderlich, deren Anstoßen bei der Ideenfindung erhebliche Fortschritte bewirkt (Winkelmann & Hacker, 2006; 2011).

Diese Fragen veranlassen zur systematischen kritischen *Reflexion* des eigenen Denkvorgangs und seiner Ergebnisse. Dieses Reflektieren erfolgt am besten, wenn die denkanregenden Fragen von einem Unbeteiligten gestellt werden und die Befragten ihm ihren Lösungsweg und die Lösung verständlich erklären müssen. Das zwingt sie zu tieferer Auseinandersetzung und größerer Präzision als beim Beantworten nur für sich selbst.

Signifikante Lösungsverbesserungen bei technischen Entwurfsprozessen, die auch größer sind als die Effekte reinen Pausierens, sind gesichert.

Dyadische oder Kleingruppentechniken können Nützliches zum Erzeugen innovativer Ideen beitragen, sofern sie unerlässliche Bedingungen berücksichtigen. Nicht Brainstorming, sondern die optimal organisierte, moderierte Kombination von individueller Arbeit, Nominal- und Realgruppentechnik ist dafür erforderlich (Stroebe & Diehl, 1994; Pietzcker & Looks, 2010; Hacker, 2016).

Bei der Moderation dieser zeitweiligen Kleingruppenarbeit zur Ideenproduktion und Lösungsentwicklung sind unerlässliche Regeln zu befolgen (Pietzcker & Looks, 2010):

- Einzelarbeit vor zeitweiliger Gruppenarbeit
  Die Reihenfolge von unabhängiger individueller Einzelarbeit am Problem (also auch keine Zurufe von Ideen), danach Zusammenstellung der individuell erzeugten Vorschläge durch eine/n Moderator/-in für die Kleingruppe («Nominalgruppentechnik») und erst dann Diskussion der Vorschläge in der Gruppe.
- Sammeln vor Bewertung
  Bei der Diskussion sind zunächst Aussagen zu sammeln und erst nach abgeschlossener Sammlung werden Bewertungen zugelassen, um Produktivität nicht zu bremsen.
- Zuarbeiten im Auftrag der Kleingruppe zwischen den Beratungen
  Die zeitweilige Kleingruppenarbeit sollte auf mehrere kurze Beratungen verteilt sein mit zwischenzeitlichen Zuarbeiten im Auftrag der Gruppe (z.B. Informationsbeschaffung, Messungen, Erprobungen) für die folgenden Beratungen.

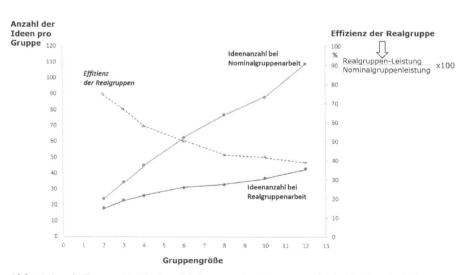

Abb. 7: (nach Zysno, 1998). Anzahl der von den Gruppen (2 bis 12 Mitglieder) erzeugten Ideen zur Verbesserung einer Kupplung landwirtschaftlicher Geräte:
– Effizienz der Realgruppen sinkt mit Mitgliederanzahl (Ringelmann-Effekt)
– Leistung der Realgruppe kleiner als die der Nominalgruppe.

Mit diesem Vorgehen können Gruppenverluste durch zu große Gruppen (Ringelmann-Effekt) und bei reiner Realgruppenarbeit ohne die beiden anderen Phasen reduziert und Gruppengewinne ermöglicht werden. Übergreifende Beispiele für den Nutzen lieferte Zysno (1998) (vgl. Abb. 7).

Generell kann gelten: Gruppen(team-)Arbeit mit überlegtem Zerlegen komplexer Aufträge in relativ unabhängige Teile für die parallele Arbeit *Einzelner*, deren Ergebnisse am Ende zusammengeführt werden, ist zu unterscheiden von hochintegrierter Zusammenarbeit ohne Zerlegung in Teilaufträge (Kollaboration) mit der Hilfe digitaler Kollaborationsplattformen (Hardwig, 2019). Dabei organisieren sich die zusammenwirkenden Beschäftigten selbst in wechselnde Gruppen. Auch für diese spezifische Form von Teamarbeit kann eine Moderation zu erwägen sein, um Überlastung aus zu viel Austausch (collaborative overload; Cross, Reble & Grant, 2016) oder eine Beeinträchtigung der Kreativität (Bund & Rohwetter, 2019) zu vermeiden.

Eine wichtige Unterstützung anspruchsvoller Denkarbeit ist des Weiteren die Störungsvermeidung. Störungen können ungewollt durch die im Prinzip hilfreiche Vernetzung der digitalen Arbeitsmittel entstehen. Diese Vernetzung und die dadurch möglichen Organisationsstrukturen wie Projektarbeit, Servicekonzepte oder selbstorganisierende Teams führen zur Unterbrechung von Gedankengängen, wobei Ideen verloren gehen und erneutes Einarbeiten nötig wird (vgl. «Agilitätsfalle»; Würzburger, 2019).

Auch außerhalb professioneller Forschungs- und Entwicklungstätigkeiten ist bei nahezu allen Arbeitstätigkeiten eine Herangehensweise zunehmend gefragt, die über den jeweiligen Arbeitsauftrag hinausgehende, gegebenenfalls innovative Lösungen erbringt (vgl. benachbarte Konzepte wie *contextual performance, organizational citizenship behaviour; personal initiative*; Frese, Fay, Hilburger, Leng & Tag, 1997; Organ, 1997; West & Farr, 1990; Unsworth & Parker, 2003). Derartige «zusätzliche» Leistungen setzen andere Merkmale der psychischen Regulation von Tätigkeiten voraus, als Leistungen, die nur gegebene Aufträge optimal erfüllen. Diese Regulationsmerkmale können als Merkmale eines *innovierenden Handelns* dem Handeln gegenübergestellt werden, das im gegebenen Auftragsrahmen verbleibt («nicht-innovierendes, repetierendes Handeln»). Die Tabelle 2 stellt objektive Voraussetzungen, Vorgehensmerkmale sowie die regulierenden einstellungsmäßigen und kognitiven Sachverhalte für diese beiden Handlungsformen gegenüber.

Psychische Regulation von Arbeitstätigkeiten 4.0

Tab. 2: Schematischer Vergleich der psychischen Regulation eines im gegebenen Auftragsrahmen verbleibenden («repetierenden») und «innovierenden» Handelns

Repetierendes Handeln	Innovierendes Handeln
Vorherrschend Erfüllen der Aufträge im gegebenen Rahmen	Zusätzlich Verbessern der Ausführungsbedingungen sowie der Ziele ("contextual performance")
• Erfüllen gegebener Aufträge Verbessern der Erfüllung im gegebenen Rahmen durch Lernen beim Tun • Ausnutzen gegebener Leistungsmöglichkeiten • Ausfüllen der Arbeitszeit durch auftragsbezogene Aktivitäten	• Auch Verbessern und Verändern der Ziele und Ausführungsweisen • auch Schaffen anderer/neuer Leistungsmöglichkeiten • auch aktuell nicht produktive („überflüssige") Zusatzaktivitäten problemfindender und -lösender Art

Personelle Voraussetzungen
a) Einstellung

• Verbessern des Gegebenen • Kognitive Situationsanalyse • Analysieren im Konkreten • konkretes Handeln, Reales erfassen (= „konkrete" versus „abstrakte" Einstellung. Goldstein & Scheerer, 1941)	• Lösen aus Situationsbindung, Infragestellen des Gegebenen • auch Reflexion über Situation und eigenes Handeln • Analysieren der Situation, Entscheidendes herausfinden; dazu Abstrahieren • Begriffliches Erfassen der Merkmale, Wechsel zwischen Abstraktionsebenen • Vorausdenken • auch nur Mögliches erfassen, symbolisches Handeln

b) kognitive Grundlagen

Ziele • Erfüllen der Auftragsziele Mentale Modelle • Tätigkeitsleitende Abbilder für gegebenen Prozeß Wissen • Kenntnisse und Handlungswissen zum gegebenen Auftrag Intellektuelle Leistungen • Intellektuelles Bewältigen des gegebenen Auftrags/Problems	• auch Zusatzziele (Ziele der Veränderung der Auftragsausführung sowie der Ziele selbst) • auch mentale Modelle von Veränderungserfordernissen/alternativem Prozeß • auch Verfügen/Verschaffen von Wissen über Alternativen und Veränderungsmöglichkeiten • auch Problemfinden

Objektive Voraussetzungen in Organisation

	• „Vollständige" (Arbeits)tätigkeit mit
	   – durchschaubarer, vorhersehbarer und beeinflussbarer Arbeitssituation einschließlich
	   – zeitlichem Dispositionsspielraum
	   – dispositiven (z.B. vorbereitenden) Anteilen
	• „Psychologischer Kontrakt" u.a. bzgl.
	   – Risikobehandlung
	   – Arbeitsplatzsicherheit
	   – Erfolgsbeteiligung

9 Psychische Regulation von innovierenden Erwerbstätigkeiten mit gesuchtem Ziel

In experimentellen Untersuchungen (z.B. Hacker, Wetzstein & Römer, 2002; Wetzstein & Hacker, 2004) und in Feldstudien (z.B. Rühle, 1979) ist gezeigt, dass ein unterschiedliches Vorgehen aufgrund unterschiedlicher psychischer Regulationsbestandteile (bspw. Ziele, Art der Reflexion über Zwischenergebnisse, unterschiedlichem Handlungswissen) tatsächlich auch zu Arbeitsergebnissen mit verschiedenem Neuigkeitswert («Innovativität») führen kann.

10 Psychische Regulation interaktiver Arbeitstätigkeiten. Besonderheiten der psychischen Regulation von Humandienstleistungen

Dienstleistungen können als Arbeitsgegenstände Objekte haben (Sachdienstleistungen, z.B. Wohnungsreinigung für Kunden/-innen) oder Menschen (Humandienstleistungen, z.B. Lehren, Heilen, Beraten) (Nerdinger, 2011; Beitz & Nerdinger, 2019).

Zunehmend werden in der Wirtschaft produzierende Tätigkeiten, z.B. zur Herstellung von Geräten, mit Humandienstleistungen kombiniert. Produzenten/-innen bieten außer ihren technischen Produkten auch Humandienstleistungen an, z.B. eine Einsatzberatung oder Einweisung und Training der künftigen Bediener ihrer Geräte, Maschinen oder der Softwarenutzer. Diese Kombination von Produktion und Humandienstleistung ist Bestandteil der «serviceorientierten Geschäftsmodelle», die mit digitalen Mitteln realisiert werden können (Lerch & Maloca, 2020).

Im Dienstleistungsbereich und darin speziell in Humandienstleistungen arbeiten wesentlich mehr Menschen als in der industriellen Fertigung. Die professionelle Analyse und Gestaltung von Arbeitstätigkeiten war jedoch lange konzentriert auf produzierende, industrielle Tätigkeiten. Arbeitstätigkeiten, deren «Gegenstände» keine Objekte, sondern andere Menschen sind, die es zu beeinflussen, beispielsweise auszubilden, zu beraten, zu heilen, zu bedienen, zum Kaufen zu veranlassen, zu unterhalten gilt, wurden systematisch erst in jüngerer Zeit bearbeitet. Sie werden oft als *interaktive Arbeitstätigkeiten* bezeichnet.

Da interaktive Tätigkeiten spezifische Gefühlsprozesse beinhalten können und auch teilweise Gefühle auslösen sollen, wird dieser Aspekt der Interaktionsarbeit im Anschluss an englischsprachige Vorbilder als Emotions«arbeit» bzw. Gefühls«arbeit» bezeichnet (Hochschild, 1983; Büssing & Glaser, 1999; Büssing, Giesenbauer & Glaser, 2003; Zapf, 2002).

Beide Begriffe bedürfen im Hinblick auf Besonderheiten der psychischen Regulation zunächst einiger Klarstellungen:

(a) In interaktiven Arbeitsprozessen, zum Beispiel beim Lehren oder bei der Krankenpflege, sind von den tatsächlich interaktiven, «dialogischen» Tätigkeitsteilen (bspw. den Tätigkeiten an und mit den Patienten/-innen, dem Belehren der Schüler/-innen) monologische Teiltätigkeiten (bspw.

Abrechnungs- und Haushalttätigkeiten, die Unterrichtsvorbereitung, das Durchsehen von Klassenarbeiten), mit teilweise beträchtlichen Zeitanteilen, zu unterscheiden. Umgekehrt enthalten monologische Arbeitstätigkeiten, beispielsweise in der spangebenden (Drehen, Fräsen, Bohren etc.) Formung, auch interaktive Teiltätigkeiten, beispielsweise Abstimmungen mit Vorgesetzten/-innen und Kollegen/-innen. Das wesentliche Anliegen der Bezeichnung als Interaktionsarbeit ist, Arbeitstätigkeiten abzugrenzen, *deren Hauptziel die Einflussnahme auf das Verhalten, Erleben und Befinden anderer Menschen* ist. Der Arbeitende kann dabei das andere Subjekt nicht «bearbeiten» wie einen toten Arbeitsgegenstand, sondern muss ihn gewinnen, veranlassen und gegebenenfalls überzeugen zu eigenen Aktivitäten. Der Arzt/die Ärztin muss beispielsweise die Mitarbeit eines/einer Patienten/-in als «Koproduzenten/-in» der Heilung gewinnen und instrumentell-technisches Handeln zur sozialen Interaktion ausbauen. Dazu muss der Arzt/die Ärztin Vorstellungen entwickeln über das Befinden, die Wünsche und die Kenntnisse (z.B. das Sprachverständnis) des/der Patienten/-in, um durch deren Beeinflussung Einfluss auf das Verhalten des/der Patienten/-in zu erlangen und insbesondere die Mitwirkung am Heilungsprozess zu erreichen.

Allgemeiner: Der/die Humandienstleister/-in benötigt eine zutreffende handlungsleitende Vorstellung (ein «mentales Modell») über das mentale Modell des/der Klienten/-in von der Situation und seinen/ihren Wünschen.

Umgekehrt entwickelt auch der/die Klient/-in Vorstellungen (ein mentales Modell) von den Zielen und der Situationssicht des/der Dienstleisters/-in. Vom Zutreffen dieser tätigkeitsleitenden Modelle vom anderen – seinen/ihren Absichten, Sprachverständnis, Wissen, Gefühlen (Emotionen) – hängt das Gelingen der Interaktion ab (Abb. 8).

Für das Entstehen und Wirken von Emotionen in interaktiver Erwerbsarbeit ist ausschlaggebend, dass die Interagierenden nicht nur gegebenenfalls unterschiedliche Absichten verfolgen, sondern sich wechselseitig auch mehr oder weniger zutreffende Handlungsabsichten unterstellen, was eine Vielfalt an emotionaler Beteiligung bis hin zum Entstehen von verärgerter Reaktanz (Brehm & Brehm, 1981) bei vermuteten Beeinflussungs- oder Überredungsversuchen zum Beispiel durch Verkäufer/-innen beim «Soft-Selling» oder durch Medien einschließen kann.

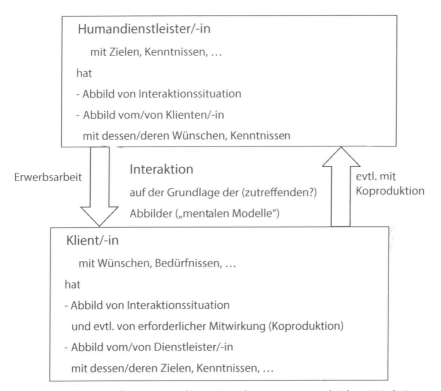

Abb. 8: Psychische Regulation interaktiver Tätigkeiten, vermittelt über tätigkeitsleitende Abbilder (mentale Modelle) von Humandienstleistern/-innen und Klienten/-innen.

(b) Emotions«arbeit» bezeichnet das Einflussnehmen auf Emotionen anderer (sentimental «work») bzw. auf eigene Emotionen (emotional«work»). *Emotionen sind dabei Arbeitsgegenstand und Arbeitsmittel.* Beide Prozesse sind weder auf Erwerbsarbeit beschränkt, noch handelt es sich um eigenständige Arbeitstätigkeiten wie etwa das Umbetten oder die Lehrstoffdarstellung neben anderen Arbeitstätigkeiten. Vielmehr *begleiten* Emotionen in der Regel die (Arbeits-)Tätigkeiten mit, an und für andere Menschen.

Außerdem entstehen nicht nur in interaktiven Arbeitstätigkeiten Gefühle und werden tätigkeitsleitend wirksam. Emotionen sind vielmehr eine reguläre mögliche Art tätigkeitsregulierender psychischer Sachverhalte bei allen Arbeitstätigkeiten (Wegge, 2004). Erfolgs-, Misserfolgserleben, Ärger, Freude oder Angst sind Emotionen und sie sind keineswegs auf interaktive Teile von Arbeitstätigkeiten beschränkt. Stress im engeren Sinne der DIN EN ISO 10075-1 (2018) als Erleben der Bedrohung eigener Ziele und Werte, d.h. als eine auch emotionale Erlebensform, ist umfassend auch für monologische Arbeitstätigkeiten untersucht (z.B. Cox, Griffith & Real-Gonzales, 2000; Melchior, Caspi et al., 2007; Schmidt, Roesler et al., 2012).

Regulationsbedeutsame Merkmale interaktiver Arbeitstätigkeit sind nach derzeitigem Wissen insbesondere

- Ziele, Arten und Zeitanteile der Einflussnahmen auf die psychische *Verhaltensregulation und/oder das Befinden anderer* im Arbeitsprozess.
- das Entwickeln eines *mentalen Modells der psychischen Situation* einschließlich der Absichten und der verhaltensbestimmenden Bedingungen des anderen Menschen, um dessen psychische Verhaltensregulation erfolgreich beeinflussen zu können. Dazu sind Schritte auch einer naiven Diagnostik zum Aufbau des mentalen Modells der psychischen Situation des anderen erforderlich. Um Klienten/-innen zu beeinflussen – z.B. zum Lernen oder der regelmäßigen Medikamenteneinnahme, zum Kauf einer Ware, zum Mitwirken oder Dulden bei der Pflege zu veranlassen –, müssen Dienstleister/-innen auf das Verstehen und Wollen der Klienten/-innen, auf ihr «mentales Modell» der Situation, einwirken. Dafür benötigen sie angemessene Vorstellungen – ein «mentales Modell» – vom verhaltensregulierenden mentalen Modell ihrer Klienten/-innen.
Diese wechselseitige Beeinflussung der psychischen Verhaltens-/Handlungsregulation der Interaktionspartner/-innen nutzt die Sprache und das Sprechen sowie den nonverbalen Ausdruck mit dem Zeigen von tatsächlich erlebten oder Darstellen von rollengerechten Gefühlen als Arbeitsmittel.
- Ziele, Arten und Zeitanteile der Einflussnahme auf das Entstehen und/oder die Modifikation von *Gefühlen eines Klientels* (bspw. Schüler/-innen, Patienten/-innen etc.) und darunter auch erwünschter verhaltensregulierender Gefühle (z.B. Zuversicht).
- Ziele, Arten und Zeitanteile des *konventionen- oder regelkonformen Erzeugens bzw. Darstellens von Gefühlen der Arbeitsperson* selbst im Arbeitsprozess gegenüber einem Klientel (z.B. «service with a smile»).

Auch die psychische Regulation interaktiver Erwerbstätigkeiten erfolgt teilweise mithilfe von einfachen intuitiven Heuristiken («Bauchgefühl»). Sie werden vorzugsweise unabsichtlich und unbewusst in längeren Erfahrungsperioden erworben und leisten die Situationsbeurteilung, die Maßnahmenzuordnung und Maßnahmendurchführung. Umfassende Ergebnisse dazu legte die Arbeitsgruppe von Gigerenzer (2001; 2007) vor. Der Vorzug dieser Heuristiken ist die rasche Situationsbewältigung auch bei unvollständiger und unscharfer Information. Im Sinne der erwähnten Dual-Process-Theory handelt es sich um Leistungen des Systems (Modus) 1 (vgl. Kapitel 1).

Insbesondere die «emotionale Dissonanz», d.h. das Erzeugen eines gemäß sozialer Normen zu zeigenden Gefühlsausdrucks im Widerspruch zum tatsächlich erlebten Gefühl, ist eine Quelle psychischer Beanspruchung (Hochschild, 1983). Das anhaltende Produzieren eines erlebnisdiskrepanten Gefühlsausdrucks in guter Absicht kann das Wohlbefinden und die psychische Gesundheit einschließlich ihrer psychophysiologischen Korrelate stören. Das Entstehen von emotionaler Erschöpfung, eines Burnout-Faktors, ist wahrscheinlich (zusammenfassend Cox, Griffith & Real-Gonzales, 2000).

Zum Vermeiden unerwünschter emotionaler Beanspruchung in der Regulation von interaktiven Erwerbstätigkeiten stehen vielfältige Möglichkeiten zur Verfügung (vgl. hierzu Hacker, 2009; für eine grundlagenorientierte Darstellung vgl. Aldao, 2013):

Verhältnispräventiv ist an eine Auftragsgestaltung zu denken, die emotionale Dissonanz ausschließt. Beispiele sind eine ausreichende Personalausstattung zum Vermeiden von Hast und Klientenmissmut oder der Verzicht auf illegitime Arbeitsaufträge beispielsweise zum Übervorteilen von Klienten/-innen. Verhaltenspräventiv ist an spezifische Ausbildungsinhalte zu denken, beispielsweise in der Kranken- und Altenpflege an das Vermitteln geeigneter Bewältigungstechniken von nicht vermeidbarem erlebten Leid («detached concern» als emotional abständige Zuwendung zum/zur Patienten/-in im Interesse seiner/ihrer bestmöglichen, unaufgeregten Betreuung). Zum «detached concern» am Beispiel einer emotionsregulierenden Bewältigungsstrategie in der Altenpflege ausführlicher Lampert (2011).

11 Das Gestaltungsziel: Psychische Regulation von vollständigen/ganzheitlichen Erwerbstätigkeiten als Ergebnis der Arbeitsteilung bzw. -kombination: Ganzheitliche Tätigkeiten als normatives Konzept der Arbeitsgestaltung (ISO 6385)

Für alle Arten von Arbeitstätigkeiten gilt die Forderung nach «Vollständigkeit» oder «Ganzheitlichkeit» (entire tasks) (DIN EN ISO 6385/2016). Sie ist Voraussetzung für weitere Merkmale gut gestalteter Arbeitsprozesse ohne Beeinträchtigung der psychischen Tätigkeitsregulation.

Das Ausmaß der sequenziellen und hierarchischen Vollständigkeit (vgl. Kapitel 6 und 7) ergibt sich durch die Art der Arbeitsteilung (vgl. Abb. 9).

Mit dem Begriff der Arbeitsteilung bzw. -kombination (ATK) ist hier die objektive Aufteilung von Arbeitstätigkeiten auf Ausführende gemeint, nicht die erfragte Ganzheitlichkeit der Aufgabe aus der Sicht der Arbeitenden.

Die vertikale (zwischen Führungsebenen erfolgende) und die horizontale Arbeitsteilung bzw. -kombination (auf einer Führungsebene) bestimmen die ausschlaggebenden Merkmale der psychischen Regulation von Arbeitstätigkeiten: «One principle stands out as the fundamental pillar […] and as the one, that has greatest implication for how work is designed in organizations. This, of course, is the principle of division of labor» (Hackman & Oldham, 1980, S. 47).

Die Abbildung 9 zeigt die Formen der ATK. Bei Artteilung werden Aufträge auf Arbeitskräfte nach der Art der Tätigkeiten aufgeteilt. Jeder führt eine andere Tätigkeitsart aus (z.B. einer reinigt Werkstücke, eine schneidet zu, eine lötet etc.), das verringert die Anforderungsvielfalt. Bei Mengenteilung wird der komplette Auftrag (also Reinigen und Zuschneiden und Löten) mengenmäßig aufgeteilt. Jeder bearbeitet einige ganze Stücke. Anforderungsvielfalt, Abwechslung zwischen Anforderungsarten, Ganzheitlichkeit des Auftrags sind hier gegeben.

Die Arbeitsteilung bestimmt das Schlüsselmerkmal der Ganzheitlichkeit oder Vollständigkeit (task identity) der resultierenden Arbeitstätigkeiten und damit auch ihre Anforderungsvielfalt (variety), den Tätigkeitsspielraum mit den Zielstellungs- und Entscheidungsmöglichkeiten (autonomy, control, job discretion), ihre Bedeutung (significance) für andere und weitere Folgemerkmale.

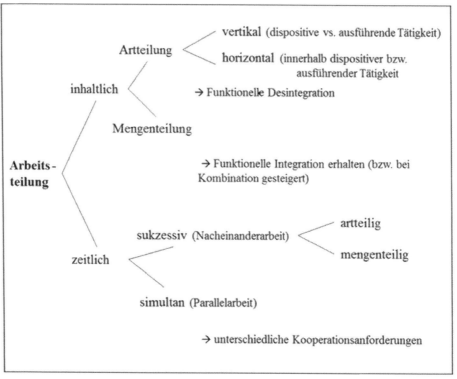

Abb. 9: Arten der Arbeitsteilung.

Skalen zur Analyse, zur Bewertung und als Gestaltungshilfe für die sequenzielle oder zyklische sowie die hierarchische (heterarchische) Vollständigkeit bietet u.a. die Familie der Tätigkeitsbewertungssysteme (TBS-Verfahren), zu denen auch das rechnerbasierte Verfahren REBA gehört (vgl. unten).

Im Hinblick auf die Arbeitsgestaltung ist das Konzept der ganzheitlichen oder vollständigen Arbeitstätigkeit von zentraler Bedeutung. Internationale Normen zu «gutgestalteten Aufgaben» fordern ganzheitliche oder vollständige Arbeitstätigkeiten (DIN EN ISO 6385, 2016). Die auf den einzelnen Arbeitenden wegen der Arbeitsteilung entfallenden Tätigkeiten können vollständig sein in dem Sinne, dass sie eine eigene Handlungsvorbereitung erfordern, dass sie auf der Grundlage von Tätigkeitsspielraum selbstständige Vornahmen zu den Abfolgen und Wegen ermöglichen und dabei auch intellektuelle Leistungen einschließen, dass organisatorisch bedingte Kooperationserfordernisse sowie Möglichkeiten der Selbstkontrolle der Ergebnisse bestehen und – als Grundlage dieser Merkmale – dass der Mensch in einem ausreichenden Teil der Schichtzeit aktiv gefordert ist. Die Tätigkeiten können jedoch auch unvoll-

11 Das Gestaltungsziel

ständig in der Hinsicht sein, dass lediglich ein weisungsgetreuer Vollzug von Tätigkeiten gefordert ist, die andere vorbereiten, andere organisieren und andere kontrollieren. In diesem Sinne haben Arbeitende keinen eigenen Anteil an der Vorbereitung, selbstständige Zielsetzungen sind bestenfalls begrenzt auf Zeit- bzw. Mengenvornahmen. Eigenes Abstimmen der Tätigkeit mit anderen (Organisieren) und eigenes Prüfen der Ergebnisse (Kontrollieren) sind nicht möglich. Durch die Reduktion auf weisungsgetreues Ausführen ist es unwahrscheinlich, dass bleibend intellektuelle Leistungen verlangt sind. Routine- oder wissensbasierte Wenn-dann-Anforderungen auf «niedrigen» Ebenen der hierarchischen Regulation dürften vorherrschen (Hacker, 1986a und b; Hacker & Sachse, 2014).

Im engeren Sinne kann die Vollständigkeit im Hinblick auf die Phasen und Ebenen der psychischen Regulation beschrieben werden bezüglich:

- des Fehlens von eigenständig durchzuführenden Vorbereitungs-, Organisations- und Vergleichs/Kontrolletappen in der *sequenziellen* oder Phasenstruktur von Arbeitstätigkeiten (vgl. Kapitel 6) sowie
- Einseitigkeiten in den erforderlichen *hierarchischen* Ebenen der Tätigkeitsregulation einschließlich sozialer Regulationsvorgänge (vgl. Kapitel 7).

Differenzierter kann die Vollständigkeit gekennzeichnet werden hinsichtlich:

1. ausreichender Tätigkeitserfordernisse überhaupt (im Unterschied zum *Aktivitätsmangel*, z.B. bei reinem Überwachen),
2. möglicher Kooperationen (im Unterschied zum *Kooperativitätsmangel*),
3. selbstständiger individueller bzw. kooperativer Zielfindungs-/stellungs- und Entscheidungsmöglichkeiten auf der Grundlage von Tätigkeitsspielräumen (im Unterschied zu *Zielbildungs- und Entscheidungsmangel* mit der Folge des *Verantwortlichkeitsmangels* oder fehlender Wertschätzung),
4. kognitiver Vorbereitungs-, Organisations-, Ausführungs- sowie Kontrollschritte der Tätigkeiten (zyklische Vollständigkeit) mit nicht algorithmischen intellektuellen Anforderungen (hierarchische Vollständigkeit) (im Unterschied zum *Denkanforderungsmangel*),
5. Lern- und Übertragungsmöglichkeiten von Leistungsvoraussetzungen auf andere (Arbeits-, Freizeit-) Tätigkeiten (im Unterschied zu *Lernanforderungs-* und *Disponibilitätsmangel*).

Vollständige Tätigkeiten bieten aufgrund ihrer Zielsetzungs- und Entscheidungsmöglichkeiten beim Vorbereiten und Organisieren Tätigkeitsspielraum. Bei unvollständigen Tätigkeiten ist dieser eingeschränkt oder fehlt gänzlich. Bei unzureichendem oder fehlendem Tätigkeitsspielraum fehlt eigenständige Beeinflussbarkeit/«Kontrollierbarkeit» des Tuns. Diese Beeinflussbarkeit ist eine Voraussetzung dafür, dass in der persönlichen Zuschreibung von Tätigkeitsergebnissen zu Ursachen (der Attribuierung) überhaupt internal, d.h. zur eigenen Befähigung oder Anstrengung attribuiert werden kann.

Ein entscheidendes Merkmal vollständiger Tätigkeiten ist ihr *tätigkeitsimmanentes, intrinsisches Motivationspotenzial* im Unterschied zum extrinsischen, entgeltgestützten. Die Tätigkeitsanforderungen, der Tätigkeitsinhalt (content), motivieren bzw. demotivieren!

Die intrinsische motivierende Wirkung vollständiger Erwerbstätigkeiten beschreibt das «Motivierungspotenzial der Tätigkeit» (MPT, formelhaft komprimiert bei Hackman & Oldham, 1980; dort «Motivation Potential Score»).

$$MTP = \frac{G + V + B}{3} \times TSP \times R$$

G... Ganzheitlichkeit/Vollständigkeit der Tätigkeit (T.)

V... Vielfalt der Anforderungen

B... (soziale) Bedeutung der T. für andere

TPS... Tätigkeitsspielraum

R... Rückmeldungen (auch von anderen (soziale R.))

MTP ... Motivierungspotenzial der Tätigkeit (intrinsische Motivierung)
(„MPS...Motivation Potential Score", Hackman & Oldham, 1980)

Der multiplikative Term dieses Modells unterstreicht die Bedeutung des Tätigkeitsspielraums (autonomy, control, job discretion) als Möglichkeit zum selbstständigen Zielsetzen und Entscheiden sowie der Rückmeldungen, hier nicht durch Zählwerke oder Computer gemeint, sondern als wertschätzende Rückmeldung von Klienten/-innen, Kollegen/-innen oder Vorgesetzten (task oriented leadership, Yukl, 2010).

11 Das Gestaltungsziel

Zur besonderen Rolle des Tätigkeitsspielraums trägt erstens bei, dass er *Möglichkeiten zu freigestellten Vorgehensweisen* (discretionary work behaviors) wie beispielsweise das Erproben von zusätzlichen Verbesserungsaktivitäten einräumt (proactive performance, organizational citizenship behavior, contexual performance; Fay & Sonnentag, 2010). Zweitens kommt angesichts der demografischen Entwicklung hinzu, dass der Tätigkeitsspielraum älteren Beschäftigten Möglichkeiten einräumt zum Nutzen *altersgemäßer Bewältigungstechniken* (vgl. die Konzeption der Selektion, Optimierung und Kompensation, SOK-Konzept; Baltes & Baltes, 1990).

Schließlich tragen vollständige Tätigkeiten bei *zur Nutzung der vorliegenden Qualifikation und zum Lernen beim Arbeiten* (learning on the job) als Kompetenzentwicklung. Die objektiven Tätigkeitsmerkmale in der oben dargestellten Formel wirken vermittelt über

– das Erleben von sinnerfüllter Arbeit,
– das Erleben von Verantwortlichkeit für Resultate und
– das Erleben der tatsächlichen Ergebnisse der Arbeitstätigkeiten

als den sogenannten drei «kritischen psychologischen Zuständen» (Hackman & Oldham, 1980, Seite 83).

Die ausreichende Beeinflussbarkeit vollständiger Tätigkeiten im Sinne des Tätigkeitsspielraumes ist mit geringeren Fehlbeanspruchungen und niedrigeren Gesundheitsrisiken verknüpft (Karasek, 1990). Die im Demand-Control-Support-Modell von Karasek vorhergesagte Wechselwirkung, dass trotz hoher Arbeitsanforderungen bei ausreichenden Tätigkeitsspielräumen weniger Gesundheitsrisiken auftreten sollten als bei mangelnden, ist mehrfach nicht empirisch bestätigt worden (Richter, Hemmann, Merboth, Fritz, Hänsgen & Rudolf, 2000). Wahrscheinlich ist die Ursache hierfür eine Konfundierung der Dimension «Entscheidungsspielraum» mit «Fähigkeitsnutzung». Neukonstruktionen von Skalen, die diese Merkmale trennen, bestätigen das Modell sowie sogar eine Dreifachinteraktion, wonach die von Karasek postulierte Interaktion nur bei Personen mit hoher Selbstwirksamkeit auftritt. Sie ist also auch an personale Voraussetzungen gebunden, die es erst ermöglichen, objektive Ressourcen zu nutzen (Schaubroek & Merritt, 1997; Schmidt & Hollmann, 2003; Wall, Jackson, Mullarkey & Parker, 1996).

Bei *unvollständigen Tätigkeiten* ist die betriebliche Gesamtarbeit so verteilt (partialisiert), dass keine förderlichen Arbeitsinhalte für die Arbeitenden entstehen. Es ist wahrscheinlich, dass sie die Betätigungsbedürfnisse und Lern- bzw. Entwicklungsmöglichkeiten der Arbeitenden behindern (Volpert,

1987; 2003) und die psychische Gesundheit gefährden können (Oesterreich & Volpert, 1999; Wieland, Klemens, Scherrer & Timm, 2004). Fehlende Anforderungsvielfalt oder fehlende Kooperations- und Unterstützungsmöglichkeiten bei eingeengten inhaltlichen und zeitlichen Spielräumen und Zeitdruck sowie fehlende und verzögerte Rückmeldungen können auch auslösende und verstärkende Faktoren bei der Entstehung arbeitsbedingter Erkrankungen sein (Rau & Richter, 1996; Rau, Morling & Rösler, 2010; Rau & Buyken, 2015). Dies gilt insbesondere dann, wenn derartige Anforderungen auf unzulängliche Qualifikationen treffen (Richter, 1994).

Vollständige und fordernde Tätigkeiten sind für die Leistungsmotivierung, für das Wohlbefinden und die psychische Gesundheit sowie für das Verhüten von Dequalifizierung durch Lernangebote unerlässlich.

Eine Ordnung von (Arbeits-)Tätigkeiten nach der Art der Unvollständigkeit ist nützlich zum Bewerten von Arbeitsinhalten hinsichtlich der Umgestaltungserfordernisse. In einfachster Form erfassen zwei zusammenfassende Skalen des Verfahrens zur objektiven Tätigkeitsanalyse («Tätigkeitsbewertungssystem, TBS») unvollständige Tätigkeiten (Hacker, Fritsche, Iwanowa & Richter, 1995; eine rechnerbasierte Kurzform findet sich bei Debitz & Pohlandt, 2010):

Eine vierstufige Skala beschreibt die *zyklische* Vollständigkeit. Sie ermittelt, ob der Arbeitende neben dem Ausführen seinen Auftrag selbst vorbereitet (z.B. plant oder seine Maschine selbst programmiert), selbst organisiert (d.h. mit neben-, vor- oder nachgelagerten Aufträgen anderer abstimmt) sowie seine Ergebnisse selbst kontrolliert und erforderlichenfalls korrigiert. Die Skala ist in der Abbildung 10 oben dargestellt. Es wird ausgezählt, ob nur ausführende Tätigkeiten oder zusätzlich eine, zwei oder drei weitere Tätigkeitsklassen gefordert sind.

Mit zunehmender zyklischer Vollständigkeit geht eine Erweiterung des inhaltlichen und zeitlichen Tätigkeitsspielraums mit seinen Zielstellungs- und Entscheidungsmöglichkeiten bzw. Entscheidungserfordernissen einher: Eigenes Vorbereiten oder Organisieren der Tätigkeiten bedeutet eigenes Entscheiden und Zielstellen. Dieses wiederum ist oftmals Ansatzpunkt für intellektuelle Anforderungen im Sinne der hierarchischen Vollständigkeit. Eine zehnstufige Skala beschreibt die *hierarchische* Vollständigkeit, also die Ebenen kognitiver Regulationsanforderungen (Sammelskala zu Teil D in der Handanweisung des TBS). Vollständige Tätigkeiten enthalten kognitive Anforderungen mehrerer wechselnder Regulationsebenen unter Einschluss nicht algorithmischen, gelegentlich auch kreativen Denkens.

Man erkennt in der Abbildung 10 in der unteren Hälfte, dass die dargestellten Ebenen der psychischen Tätigkeitsregulation zur Beschreibung der hierarchischen Vollständigkeit der Tätigkeit genutzt werden. Die aufgeführten zehn Stufen entstehen durch das schrittweise Unterteilen gröberer Klassifikationen in feinere.

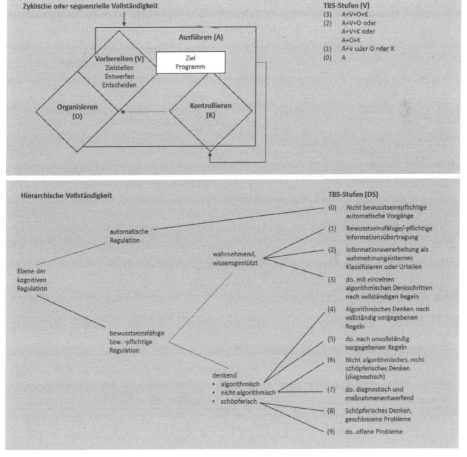

Abb. 10: Zyklische und hierarchische Vollständigkeit. Hilfsmittel zur Ordnung von Tätigkeiten nach dem Erfordernis der Umgestaltung wegen Restriktivität als vermutlichem Hemmnis der Lernförderlichkeit und Effektivität (Hacker & Sachse, 2014).

Die eingangs genannten Gründe für die psychologische Unvollständigkeit von Arbeitstätigkeiten müssen abschließend noch erweitert werden. Die tatsächlich ausgeführten Tätigkeiten können nämlich unvollständig sein, obgleich sie ursprünglich als vollständige Tätigkeiten gestaltet worden waren. Mögliche Gründe hierfür sind:

- Zeitdruck durch überfordernde Vorgaben oder Vornahmen.
  Zeitdruck – im Arbeitsstudium erkennbar u.a. an Arbeitsrückständen und Maßnahmen zu ihrer Verringerung bzw. Vermeidung sowie am Auslassen von Arbeitspausen (ermittelbar mittels KABA-Verfahren, Dunkel et al., 2006; RHIA/VERA-Verfahren, Leitner et al., 1995) – kann auch in einer anforderungsreichen vollständigen Tätigkeit vorliegen (Dunkel & Kratzer, 2016): Dazu trägt bei, dass sehr großer Tätigkeitsspielraum und sehr hohe Anforderungsvielfalt erhöhten Zeitaufwand zu ihrer Bewältigung erzeugen. Im Unterschied zu auftragsangemessenen Spielräumen und angemessener Anforderungsvielfalt wirken diese sehr hohen Ausprägungen also nicht belastungspuffernd, sondern erzeugen Zeitdruck (Schulz-Dadaczynski & Junghanns, 2014). Das «Vitaminmodell» der Wirkung von Tätigkeitsanforderungen (Warr, 1990) sagt das verallgemeinernd voraus. Vereinfachend beschreibt es eine umgekehrt u-förmige Beziehung zwischen (bestimmten) Tätigkeitsanforderungen und der Arbeitsbeanspruchung.
  Alltagsbeobachtungen lassen vermuten, dass Zeitdruck womöglich zur Reduktion realisierter Anforderungen führt (z.B. zum Auslassen von Kontrollen oder von sicherheitsrelevanten Handlungen).
- Grenzen in den Leistungsvoraussetzungen der Arbeitenden beispielsweise im Sinne von Qualifikationslücken bezogen auf die gestellten Anforderungen. Die Unvollständigkeit von Arbeitstätigkeiten kann also auch person- und damit lernbezogen bedingt sein. Sie ist in ihren Wirkungen auf den Arbeitenden abhängig auch von dessen Leistungsvoraussetzungen und Ansprüchen.
- Lernbedingter Abbau vollständiger Tätigkeiten zu Fertigkeiten, also zu Routineoperationen, die auf ein einfaches Signal hin automatisch ablaufen. Dieser Abbau verbindet den Vorzug der Aufwandssenkung mit dem möglichen Nachteil der geistigen Unterforderung. Er liegt vor bei häufig und gleichartig wiederholten Arbeitstätigkeiten. Ein Ausweg ist das Ermöglichen des Teilnehmens an der Weiterentwicklung der Arbeitsorganisation und -gestaltung. Diese partizipativen Veränderungs- und Innovationsaktivitäten – beispielsweise in Qualitätszirkeln – können zu vollständigen Gesamttätigkeiten führen, auch wenn die Basistätigkeit selbst durch Wiederholung zur Routine ohne intellektuelle Vorbereitungs- usw. Anteile geworden ist.

Mit dem Überwiegen von Dienstleistungsarbeit, darunter auch Humandienstleistungen, erhält das Konzept der Vollständigkeit neue Akzente (Böhle, Stöger

11 Das Gestaltungsziel

& Weihrich, 2015; Hacker, 2009; Melzer & Hacker, 2009). Diese interaktiven Aufträge umfassen häufig neben Tätigkeiten mit Klienten/-innen (bspw. das Beraten beim Verkaufen) auch Tätigkeiten mit Objekten (bspw. das Verräumen von Waren oder das Abrechnen des Kassenbestands). Tätigkeiten mit beiden Arbeitsgegenständen können unterschiedlich vollständig oder partialisiert sein (Konzept der zweidimensionalen Ganzheitlichkeit). Kunden/-innen können nur abkassiert, aber nicht bedient oder beraten werden (Selbstbedienung). Waren müssen zwar verräumt, aber nicht bestellt oder kontrolliert werden (Pietrzyk, Rodehacke & Hacker, 2014). Untersuchungen der objektiven ATK – nicht der ausgesagten Ganzheitlichkeit – weisen auf den Nutzen des Kombinierens auch zweier unvollständiger waren- und kundenbezogener Tätigkeiten hin. Die kombinierte Tätigkeit ergibt zwar nicht notwendigerweise eine vollständige Tätigkeit, erhöht aber die Anforderungsvielfalt. Die Abbildung 11 veranschaulicht das für die ausgesagten mentalen Arbeitsanforderungen, die Qualifikationsnutzung und das Weiterlernen sowie für Regulationserschwernisse.

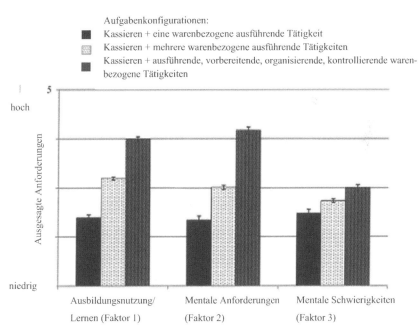

Abb. 11: Zweidimensionale Ganzheitlichkeit: Ausgesagte Tätigkeitsanforderungen (Faktor 1–3) von drei Auftragskonfigurationen mit unterschiedlicher warenbezogener und identischer interaktionsbezogener Tätigkeitsvollständigkeit (Nahrungsmittel-Einzelhandel. Mittelwert ± Standardfehler) (Pietrzyk, Rodehacke & Hacker, 2014).

12 Fazit und Ausblick

Arbeitstätigkeiten als Kern der Arbeitsprozesse sind psychisch reguliert. Tätigkeiten werden in zielgerichteten Handlungen realisiert, die Operationen enthalten. An der psychischen Regulation als Antriebs- und Ausführungsregulation von Tätigkeiten sind psychische Prozesse, Gedächtnisrepräsentationen und psychische Eigenschaften beteiligt.

Die psychische Regulation ist ausgehend vom Auftrag oder der selbstgestellten Aufgabe gleichzeitig hierarchisch, in Regulations«ebenen», und sequenziell, in Handlungsphasen, organisiert.

Diese Organisation ist bei vorgegebenen Zielen anders beschaffen als bei offenen, noch zu findenden Zielen im Falle von Arbeitstätigkeiten mit hohen Problemlösungsanteilen, insbesondere dem sogenannten «design problem solving».

Die psychische Regulation monologischer Arbeitstätigkeiten vom Typ «Subjekt-Objekt» ist von der psychischen Regulation dialogischer oder interaktiver Tätigkeiten von Typ «Subjekt-Subjekt» zu unterscheiden. Bei interaktiven Tätigkeiten erlangt die Regulation emotionaler Prozesse und das Entwickeln von Vorstellungen (mentalen Modellen) von den mentalen Modellen der Interaktionspartner besondere Bedeutung.

Für das Bewerten und Gestalten von Arbeitstätigkeiten ist das normative Konzept der ganzheitlichen oder vollständigen Arbeitstätigkeit grundlegend, dass den internationalen Normen «gut gestalteter Arbeitsaufträge» zugrunde liegt und anknüpft an die Ebenen und Phasen der psychischen Regulation einschließlich der mit ihnen verknüpften Tätigkeitsspielräume.

Die Mehrzahl der derzeit in der Arbeits- und Organisationspsychologie genutzten Konzepte und Herangehensweisen waren im Wesentlichen um die Mitte der 30er-Jahre des vorigen Jahrhunderts konzipiert. Das gilt auch für wesentliche Aspekte der psychischen Regulation von Arbeitstätigkeiten (Lewin, 1926; Lewin & Rupp, 1928). Ein Fortschreiben auch im neuen Jahrtausend dürfte jedoch wegen des epochalen Wandels der Arbeitsgesellschaft mit Globalisierung, Ökonomisierung aller Aufgaben und Lebensbeziehungen, Tertiärisierung und Digitalisierung nicht ausreichen (Sträter, 2019). Dieser Wandel beginnt tiefgreifende Auswirkungen auch auf den Gegenstand der Arbeits- und Organisationspsychologie zu erlangen (z.B. Ulich, 2011; Hacker, 2018a; 2020). Bei der Fortsetzung der Automatisierung als Digitalisierung werden nicht algorithmische diagnostische und prognostische intellektuelle Arbeitsanforderungen an Bedeutung gewinnen (vgl. Kapitel 9): Die Arbeitspsychologie muss Inhalte der angewandten Kognitionspsychologie integrieren.

Des Weiteren wird zu prüfen sein, inwieweit die Arbeitspsychologie der Erwerbstätigkeit (vgl. Kapitel 1) zu einer Psychologie zielgerichtet-volitiver Tätigkeit und ihrer psychischen Regulation generell werden sollte, die neben den vielfältigen traditionellen und neuen Formen von Erwerbsarbeit auch unbezahlte Versorgungs- und Eigenarbeit sowie bürgerschaftliches Engagement einbezieht, und welche Gegenstandsgebiete und Herangehensweisen dabei in welcher Hinsicht verändert werden müssten (Mühlpfordt & Richter, 2006).

Literaturverzeichnis

Alasoini, T. (2019). Rethinking work in the era of digital transformation: opportunities and challenges. 10. Int. Conf. of Accidents at Work. Abstract vol., S. 65.

Aldao, A. (2013). The Future of Emotion Regulation Research: Capturing Context. Perspectives on Psychological Science, 8(2), 155–172.

Ashby, W. R. & Conant, R. (1970). Every good regulator of a system is a model of that system. Informatics and Systems Science, 89–97.

Attneave, F. A. (1965). Informationstheorie in der Psychologie. Bern/Stuttgart: Huber.

Baethge, A. & Rigotti, T. (2010). Arbeitsunterbrechungen und Multitasking. Dortmund: Bundesanstalt für Arbeitsschutz und Arbeitsmedizin.

Baethge, A. & Rigotti, T. (2013). Interruptions to workflow: Their relationship with irritation and satisfaction with performance, and the mediating roles of time pressure and mental demands, Work & Stress, 27(1), 43–63.

Baltes, B. B. & Baltes, M. M. (1990). Psychological Perspectives on Successful Aging: The Model of Selective Optimization with Compensation. In P. B. Baltes & M. M. Baltes (eds.), Successful Aging. Perceptions from the Behavioral Sciences (pp. 1–34). New York: Cambridge University Press.

Baltes, B. B., Rudolph, C. W. & Zacher, H. (Hrsg.) (2019). Work Across the Lifespan. London: Elsevier/Academic Press.

Beitz, S. & Nerdinger, F. W. (2019). Psychologie der Dienstleistungsarbeit. Bergische Universität Wuppertal.

Bernstein, N. A. (1967). The coordination and regulation of movements. Oxford, UK: Oxford University Press.

Bilda, Z., Gero, J. S. & Purcell, T. (2006). To sketch or not to sketch? This is the question. Design Studies, 27(5), 587–613.

Blumenfeld, W. (1932). Über die Fraktionierung der Arbeit und ihre Beziehung zu Theorie der Handlung. Bericht XII. Kongress der Deutschen Gesellschaft für Psychologie. Jena: DGPs.

Böhle, F., Stöger, U. & Weihrich, M. (2015). Interaktionsarbeit gestalten. Vorschläge und Perspektiven für eine humane Dienstleistungsarbeit. Berlin: edition sigma.

Bork, H. (2018). Automotive manufacturing requires human innovation: Toyota is bucking the industrial automation trend and putting humans back on the assembly line. Think: Act Magazine, S. 52–58. Verfügbar unter: https://www.rolandberger.com/en/Point-of-View/Automotive-manufacturing-requires-human-innovation.html [Abrufdatum: 20.12.2019].

Brandimonte, M. A., Einstein, G. O. & McDaniel, M. A. (eds.) (1996). Prospective Memory. Theory and Applications. Mahwah, N. Y.: Erlbaum.

Brandstätter, V., Heimbeck, D., Malzacher, J. T. & Frese, M. (2003). Goals need implementation intensions: The model of action phases tested in the applied setting of continuing education. Europe. J. Work & Occupational Psychology, 12(1), 37–59.

Brehm, S. S. & Brehm, J. W. (1981). Psychological reactance: A theory of freedom and control. New York: Academic Press.

Broadbent, D. E. (1985). Multiple goals and flexible procedures in the design of work. In M. Frese & J. Sabini (eds.), Goal directed behavior (pp. 105–285). Hillsdale, N. J.: Erlbaum.

Broussard, M. (2018). Artificial Unintelligence. How Computers Misunderstand the World. Cambridge, Mass.: MIT Press.

Bucciarelli, L. L., Goldschmidt, G. & Schön, D. A. (1987). Generic design process in architecture and engineering. In J. Protzen (ed.), Proceedings of the 1987 Conference on Planning and Design in Architecture (pp. 105–111). American Society of Mechanical Engineering.

Bund, K. & Rohwetter, M. (2019). Leiser bitte! DIE ZEIT, 49, S. 23–24 [28.11.2019].

Büssing, A. & Glaser, J. (1999). Interaktionsarbeit. Konzept und Methode der Erfassung im Krankenhaus. Zeitschrift für Arbeitswissenschaft, 53, 164–173.

Büssing, A., Giesenbauer, B. & Glaser, J. (2003). Gefühlsarbeit. Beeinflussung der Gefühle von Bewohnern und Patienten in der stationären und ambulanten Altenpflege. Pflege, 16, 357–365.

Card, S. K., Moran, T. P. & Newell, A. (1983). The Psychology of Human-Computer Interaction. Hillsdale, N. J.: Erlbaum.

Caroll, J. M., Miller, M. A., Thomas, J. C. & Friedman, H. P. (1980). Aspects of solution structure in design problem solving. American Journal of Psychology, 95, 269–284.

Carver, C. S. & Scheier, M. F. (1990). Principles of self-regulation. In E. T. Higgins & R. M. Sorrentino (eds.), Handbook of motivation and cognition: Foundation of social behavior, Vol. 2 (pp. 3–52). New York: Guilford Press.

Cowan, N. (2010). The magical mystery four: How is working memory capacity limited, and why? Current Directions in Psychol. Science, 19(1), 51–57.

Cox, T., Griffith, A. & Rial-Gonzales, E. (2000). Research on work-related stress. Luxembourg: European Agency for safety and health at work.

Cranach von, M. (1994). Die Unterscheidung von Handlungstypen – Ein Vorschlag zur Weiterentwicklung der Handlungspsychologie. In B. Bergmann & P. Richter (Hrsg.), Die Handlungsregulationstheorie (S. 69–88). Göttingen: Hogrefe.

Cross, R., Rebele, R. & Grant, M. (2016). Collaborative overload. Harvard Business Review. Jan./Feb. Issue. Verfügbar unter: https://hbr.org/2016/01/collaborative-overload [Abrufdatum: 28.01.2020].

Csíkszentmihjályi, M. (1990). Flow: The Psychology of optimal experience. New York: Harper & Row.

Czerwinski, M., Horvitz, E. & Wilhite, S. (2004). A Diary Study of Task Switching and Interruptions. CHI, 6(1), 175–182.

Debitz, U. & Pohlandt, A. (2010). Prospektive und korrektive Arbeitsgestaltung mittels des bedingungbezogenen Verfahrens ergoInstrument REBA 9.0. In R. Trimpop, G. Gericke & J. Lau (Hrsg.), Psychologie der Arbeitssicherheit und Gesundheit. Sicher bei der Arbeit und unterwegs – wirksame Ansätze und neue Wege (S. 285–288). Kröning: Asanger-Verlag.

DIN EN ISO 6385 (2016). Grundsätze der Ergonomie für die Gestaltung von Arbeitssystemen. Berlin: Beuth.

DIN EN ISO 10075-1 (2018). Ergonomische Grundlagen bezüglich psychischer Arbeitsbelastung – Teil 1: Allgemeine Aspekte und Konzepte und Begriffe. Berlin: Beuth.

DIN EN ISO 9241-11 (2018). Gestaltung gebrauchstauglicher interaktiver Systeme. Berlin: Beuth.

Dörner, D. (1983). Kognitive Prozesse und die Organisation des Handelns. In W. Hacker, W. Volpert & M. von Cranach (Hrsg.), Kognitive und motivationale Aspekte der Handlung (S. 26–37). Bern: Huber.

Dörner, D. (1989). Die Logik des Mißlingens. Strategisches Denken in komplexen Situationen. Reinbek: Rowohlt.

Drössler, S., Steputat, A., Schubert, M., Günther, N., Staudte, R., Kofahl, M., Hegewald, J. & Seidler, A. (2018). Informationsüberflutung durch digitale Medien am Arbeitsplatz. Zentralblatt für Arbeitsmedizin, Arbeitsschutz und Ergonomie, 68(2), 77–88.

Dunkel, W. & Kratzer, N. (2016). Zeit- und Leistungsdruck bei Wissens- & Interaktionsarbeit. Neue Steuerungsformen und subjektive Praxis. Baden-Baden: Nomos.

Dunkel, W., Volpert, W., Zölch, M., Kreutner, U., Pleiss, C. & Hennes, K. (2006). Kontrastive Aufgabenanalyse im Büro. Der KABA-Leitfaden. Zürich: vdf Hochschulverlag AG an der ETH Zürich.

Engeström, R. & Engeström, Y. (1986). Developmental work research: The approach and application in cleaning work. Nordisk Pedagogik, 1, 2–15.

Evans, J. S. & Frankish, K. (eds.) (2009). In two Minds: Dual Processes and Beyond. Oxford: Oxford University Press.

Eyrolle, H. & Cellier, J. M. (2000). The effects of interruptions in work activity: Field and laboratory results. Applied Ergonomics, 31(5), 537–543.

Fay, D. & Sonnentag, S. (2010). A Look Back to Move Ahead. New Directions for Research on Proactive Performance and other Discretionary Work Behaviors. Applied Psychology: An International Review, 59(1), 1–20.

Frese, M. (1987). A theory of control and complexity: Implications for software design and integration of computer systems into the work place. In M. Frese, E. Ulich & W. Dzida (eds.), Human computer interaction in the work place (pp. 313–336). Amsterdam: Elsevier.

Frese, M. & Sabini, J. (1985). Goal Directed Behavior: The Concept of Action in Psychology. Hillsdale, N. J.: L. Erlbaum Publishers.

Frese, M. & Zapf, D. (1994). Action as the core of work psychology: A German approach. In H. C. Triandis, M. D. Dunnette & J. M. Hough (eds.), Handbook of Industrial and Organizational Psychology, Vol. 4, 2nd ed. (pp. 271–340). Palo Alto, CA.: Consulting Psychology Press.

Frese, M., Albrecht, K., Kreuscher, R., von Papstein, P., Prümper, J. & Schulte-Göcking, H. (1995). Handlungsstile und Leistungsverhalten: Die Rolle von Plan- und Zielorientierung in Problem- und Lernsituationen. Zeitschrift Arbeits- und Organisationspsychologie, 39(2), 67–77.

Frese, M., Fay, D., Hillburger, T., Leng, K. & Tag, A. (1997). The concept of personal initiative: Operationalization, reliability and validity in two German samples. Journal of Occupational and Organizational Psychology, 70, 139–161.

Frese, M., Stewart, J. & Hannover, B. (1987). Goal Orientation and Planfulness: Action Styles as Personality Concepts. J. Personality and Social Psychology, 57(6), 1182–1194.

Galperin, P. J. (1966). Die geistige Handlung als Grundlage für die Bildung von Gedanken und Vorstellungen. In J. Lompscher (Hrsg.), Probleme der Lerntheorie (S. 33–49). Berlin: Volk und Wissen.

Gigerenzer, G. (2007). Bauchentscheidungen. Die Intelligenz des Unbewussten und die Macht der Intuition. Bielefeld: Bertelsmann.

Gigerenzer, G. & Goldstein, G. D. (2001). Betting on One Good Reason: To take the best heuristisc. In G. Gigerenzer, P. M. Todd & The ABC Research Group (eds.). Simple heuristics that make us smart (pp. 75–96). Oxford: Oxford University Press.

Gollwitzer, P. M. (1999). Implementation intensions: Strong effects of simple plans. American Psychologist, 54, 493–503.

Gollwitzer, P. M. & Bargh, J. A. (1996). The psychology of action – linking cognition and motivation to behavior. New York: Guilford Press.

Gollwitzer, P. M. & Moskowitz, G. B. (1996). Goal effects on action and cognition. In E. Z. Higgins & A. M. Kruglaniski (eds.), Social Psychology: Handbook of Basic Principles (pp. 280–301). New York: Guilford Press.

Graf, O. (1970). Arbeitszeit und Arbeitspausen. Handbuch der Psychologie, Bd. 9: Betriebspsychologie. Göttingen: Hogrefe.

Hacker, W. (1978). Allgemeine Arbeits- und Ingenieurpsychologie. Psychische Struktur und Regulation von Arbeitstätigkeiten (2. Aufl.). Bern/Stuttgart/Wien: Huber.

Hacker, W. (1986a). Complete vs. incomplete working tasks – a concept and its verification. In G. Debus & W. Schroiff (eds.), The psychology of work organization (pp. 23–36). Amsterdam: Elsevier.

Hacker, W. (1986b). What should be computerized? Cognitive demands of mental routine tasks and mental load. In F. Klix & H. Wandke (eds.), Man-computer-interaction research (pp. 445–461). Amsterdam: North Holland.

Hacker, W (1992). Expertenkönnen. Göttingen: Verlag Angewandter Psychologie.

Hacker, W. (2001). Activity theory: Psychological aspects. In P. B. Baltes (ed.) International Encyclopedia of the Social & Behavioral Sciences (pp. 58–62). Amsterdam: Elsevier Science.

Hacker, W. (Hrsg.) (2002). Denken in der Produktentwicklung. Psychologische Unterstützung der frühen Phasen. Reihe Mensch-Technik-Organisation, Band 33. Zürich: vdf Hochschulverlag AG an der ETH Zürich/Stuttgart: Hampp-Verlag.

Hacker, W. (2005). Allgemeine Arbeitspsychologie. Bern: Huber/Hogrefe.

Hacker, W. (2008). Informationsflussgestaltung als Arbeits- und Organisationsoptimierung. Reihe Mensch-Technik-Organisation, Band 44. Zürich: vdf Hochschulverlag AG an der ETH Zürich.

Hacker, W. (2009). Arbeitsgegenstand Mensch: Psychologie dialogisch-interaktiver Erwerbsarbeit. Lengerich: Pabst.

Hacker, W. (2015). Psychische Regulation von Arbeitstätigkeiten. Kröning: Asanger.

Hacker, W. (2016). Zeitweilige Gruppenarbeit für Prozessinnovationen. In J. Jöns (Hrsg.), Erfolgreiche Gruppenarbeit: Konzepte, Instrumente, Erfahrungen (S. 25–35) (2. Aufl.). Wiesbaden: Gabler.

Hacker, W. (2018a). Menschengerechtes Arbeiten in der digitalisierten Welt. Reihe Mensch-Technik-Organisation, Band 49. Zürich: vdf Hochschulverlag AG an der ETH Zürich.

Hacker, W. (2018b). Kooperative Arbeitsgestaltung durch Arbeitsplatzinhaber-/innen – ein Lernprozess. Arbeit, 27(4), 391–400.

Hacker, W. (2020a). Arbeitsgestaltung als Informationsmanagement. Zeitschrift für Arbeitswissenschaft. DOI 10.1007/ s41449-020-00229-4.

Hacker, W. (2020b). Prävention von zeitlicher Überforderung bei entgrenzter komplexer Wissens- sowie Innovationsarbeit. Journal Psychologie des Alltagshandelns, 13(1), 12–27.

Hacker, W., Großmann, N. & Teske-El Kodwa, S. (1991). Knowledge elicitation: A comparison of models and methods. In H.-J. Bullinger (ed.), Human Aspects in Computing (pp. 861–865). Amsterdam: Elsevier.

Hacker, W., Fritzsche, B., Richter, P. & Iwanowa, A. (1995). Tätigkeitsbewertungssystem-TBS-L. Zürich: vdf Hochschulverlag AG an der ETH Zürich/Stuttgart: Teubner.

Hacker, W., Herrmann, J., Pakoßnik, K. & Rudolf, M. (1998). Was beeinflußt das Erfüllen mittel- und langfristig zurückgestellter ereignisbezogener Aufträge? Sprache und Kognition, 17(3), 138–160.

Hacker, W., Wetzstein, A. & Römer, A. (2002). Gibt es Vorgehensmerkmale erfolgreichen Entwerfens von Produkten? Zeitschrift für Arbeitswissenschaft, 56, 307–317.

Hacker, W. & Sachse, P. (2014). Allgemeine Arbeitspsychologie. Göttingen: Hogrefe.

Hackman, J. R. (1970). Tasks and task performance in research on stress. In: J. E. McGrath (ed.), Social and Psychological Factors in Stress (pp. 202–237). New York: Holt, Rinehart & Winston.

Hackman, J. R. & Oldham, G. R. (1980). Work Redesign. Reading, M. A.: Addison Wesley.

Hardwig, T. (2019). Das integrative Potential «kollaborativer Anwendungen». Drei Fallstudien aus mittelgroßen Unternehmen. Arbeits- und Industriesoziologische Studien, 12(1), 55–72.

Hassin, R. R. (2014). Mining the Unconscious. Psychological Science digs into the Power of Nonconscious Processing. APS-Observer, 24(4), 12–36.

Hassin, R. R. (2013). Yes it can: On the Functional Abilities of the Human Unconscious. Perspectives on Psychological Science, 8(2), 195–207.

Hayes-Roth, B. & Hayes-Roth, F. (1979). A cognitive model of planning. Cognitive Science, 3, 275–310.

Heckhausen, H. (1980). Motivation und Handeln. Berlin: Springer.

Heckhausen, H. (1983). Motivationsmodelle. Fortschreitende Entfaltung und unbehobene Mängel. In W. Hacker, W. Volpert & M. von Cranach (Hrsg.), Kognitive und motivationale Aspekte der Handlung (S. 9–17). Bern: Huber.

Heckhausen, H., Gollwitzer, P. M. & Weinert, F. E. (Hrsg.) (1987). Jenseits des Rubikon: Der Wille in den Humanwissenschaften. Berlin: Springer.

Heise, E., Gerjets, P. & Westermann, R. (1994). Zur Effizienzbeeinträchtigung durch Konkurrenzintentionen bei unterschiedlichen schwierigen Tätigkeiten. Zeitschrift experimenteller und angewandter Psychologie, XLI(4), 539–565.

Heisig, B. (1996). Planen und Selbstregulation: Struktur und Eigenständigkeit der Konstrukte sowie interindividuelle Differenzen. Frankfurt/M.: Lang.

Hillier, B., Musgrove, J. & O'Sullivan, P. (1984). Knowledge and Design. In N. Cross (ed.), Developments in Design Methodology (pp. 247–276). Chichester: Wiley & Sons.

Hochschild, A. R. (1983). The managed heart: Commercialisation of human feelings. Berkeley, CA.: University Press.

Holman, D. J. & Wall, T. D. (2002). Work characteristics, learning-related outcomes, and strain: A test of competing direct effects, mediated, and moderated models. Journal of Occupational Health Psychology, 7, 283–301.

Hommel, B. (2002). Planung und exekutive Kontrolle von Handlungen. In J. Müsseler & W. Prinz (Hrsg.), Allgemeine Psychologie (S. 798–863). Heidelberg: Spektrum.

Hoppe, F. (1930). Erfolg und Misserfolg. Psychologische Forschung, 14, 1–62.

Inzlicht, M., Legault, L. & Teper, R. (2014). Exploring the Mechanisms of Self-control Improvement. Current Directions in Psychological Science, 25(4), 302–307.

Junghanns, G. & Kersten, N. (2020). Informationsüberflutung am Arbeitsplatz. Gesundheitliche Konsequenzen. Zentralblatt für Arbeitsmedizin, 70(1), 8–17.

Kahneman, D. (2011). Schnelles Denken, langsames Denken. München: Siedler.

Karasek, R. A. (1990). Lower health risk with increased job control among white collar workers. Journal of Organisational Behaviour, 11, 171–185.

Keele, S. W., Cohen, A. & Ivry, R. (1990). Motor programs: Concepts and issues. In M. Jeannerod (ed.), Attention and Performance XIII: Motor representation and control (pp. 71–110). Hillsdale, N. J.: Erlbaum.

Keren, G. & Schul, Y. (2009). Two is not always better than one. A critical evaluation of two-system theories. Perspectives of Psychological Science, 4, 533–550.

Kleinbeck, U. & Schmidt, K.-H. (2004). Gruppenleistung und Leistungsförderung. In H. Schuler (Hrsg.), Enzyklopädie der Psychologie, Organisationspsychologie Gruppe und Organisation Band 4 (S. 445–491). Göttingen: Hogrefe.

Kleist, H. von (1925). Die allmähliche Verfertigung der Gedanken beim Reden. Sämtliche Werke. Weimar: Volksverlag.

Kluwe, R. H. (2000). Steuerung des Denkens und Handelns. Zeitschrift für Psychologie, 208(1-2), 1–31.

Kratzer, N. & Dunkel, W. (2013). Neue Strukturierungsformen bei Dienstleistungsarbeit – Folgen für Arbeit und Gesundheit. In G. Junghanns und M. Morschhäuser (Hrsg.), Immer schneller, immer mehr – Psychische Belastung bei Wissens- und Dienstleistungsarbeit (S. 41–62). Wiesbaden: Springer VS.

Krause, A., Dorsemagen, C. & Peters, K. (2010). Interessierte Selbstgefährdung. Was ist das und wie geht man damit um? HR today, 4, 43–45.

Krause, W. (2000). Denken und Gedächtnis aus naturwissenschaftlicher Sicht. Göttingen: Hogrefe.

Kuhl, J. (1983). Motivation, Konflikt und Handlungskontrolle. Berlin: Springer.

Kuhlmann, M. (2002). Das Beobachtungsinterview als Methode der Organisationsforschung. In S. Kühl & P. Strodholz (Hrsg.), Methoden der Organisationsforschung. Reinbeck: Rowohlt.

Lampert, B. (2011). Detached Concern. Emotionsregulierende Bewältigungsstrategien in der Altenpflege. Reihe «Beiträge zur Arbeitspsychologie» Bd. 1. Lengerich: Pabst.

Leach, D., Wall, T. D. & Jackson, P. R. (2003). The effect of empowerment on job knowledge: An empirical test involving operators of complex technology. Journal of Occupational and Organizational Psychology, 76, 27–52.

Leitner, K., Lüders, E., Greiner, B., Ducki, A., Neidermeier, K., Oesterreich, R. & Volpert, W. (1993). Analyse psychischer Anforderungen und Belastungen in der Büroarbeit. Das RHIA/VERA-Büro-Verfahren. Handbuch. Göttingen: Hogrefe.

Leontjew, A. N. (1979). Tätigkeit, Bewusstsein, Persönlichkeit. Berlin: Volk und Wissen.

Leplat, J. & Hoc, J.-M. (1980). Die Verbalisierung bei der Analyse kognitiver Prozesse. In W. Hacker & H. Raum (Hrsg.), Optimierung kognitiver Arbeitsanforderungen (S. 36–41). Bern: Huber.

Lerch, C. & Maloca, S. (2020). Digitale Geschäftsmodelle – Modethema oder Wettbewerbsfaktor? Fraunhofer ISI – Mitteilungen. Ausgabe 75.

Lewin, K. (1926). Untersuchungen zur Handlungs- und Affektpsychologie. Psychologische Forschung, 7, 295–385.

Lewin, K. (1952). Field theory in social science: Selected theoretical papers by Kurt Lewin. London: Tavistock.

Lewin, K. & Rupp, H. (1928). Untersuchungen in der Textilindustrie. Psychotechnische Zeitschrift, 3, 51–63.

Lewin, K., Dembo, T., Festinger, L. A. & Sears, P. S. (1944). Level of Aspiration. In J. M. Hunt (ed.), Personality and the behavior disorders (pp. 333–378). New York: Ronald Press.

Locke, E. A. & Latham, G. P. (1990). A theory of goal setting and task performance. Englewood Cliffs, N. Y.: Prentice-Hall.

Lomov, B. (1964). Ingenieurpsychologie. Berlin: DVW.

Luria, A. R. (1956). Die regulative Rolle der Sprache bei der Bildung willkürlicher Bewegungen. Zeitschrift für die höhere Nerventätigkeit, 6, 13–26.

Magnusson, D. (Hrsg.) (1981). Toward a Psychology of Situations: An Interactional Perspective. Hillsdale, N. J.: Erlbaum Publishers.

Melchior, M., Caspi, A., Milne, B. J., Danese, A., Poulton, R. & Moffit, T. E. (2007). Work stress precipitates depression and anxiety in young, working women and man. Psychological Medicine, 37, 1119–1129.

Melzer, M. & Hacker, W. (2009). Action Regulation Theory: Are the characteristics of well-designed tasks valid for interactive jobs as well? The concept of two-directional task identity in interactive work. In C. Schlick (ed.), Industrial Engineering and Ergonomics (pp. 311–319). Berlin: Springer.

Miller, G. A., Galanter, E. & Pribram, K. H. (1960). Plans and the structure of behavior. New York: Holt.

Mühlpfordt, S. & Richter, P. (Hrsg.) (2006). Ehrenamt und Erwerbsarbeit. München/Mehring: Hampp.

Mueller, P. A. & Oppenheimer, D. M. (2014). The pen is mightier than the keyboard. Advantages of longhand over laptop note taking. Psychol. Science, 25(6), 1159–1168.

Müsseler, J. & Prinz, W. (Hrsg.) (2002). Allgemeine Psychologie (Kap. 6 Handlungsplanung und -ausführung, S. 795–929). Heidelberg: Spektrum.

Neubert, J. (1968). Zur Aktualgenese aufgabenspezifischer Tätigkeitsstrukturen. In W. Hacker, W. Skell & W. Straub (Hrsg.), Arbeitspsychologie und wissenschaftlich-technische Revolution (S. 93–106). Berlin: Deutscher Verlag der Wissenschaften.

Nerdinger, F. W. (2011). Psychologie der Dienstleistung. Göttingen: Hogrefe.

Nitsche, I. & Richter, P. (2003). Tätigkeiten außerhalb der Erwerbsarbeit. Münster: LIT Verlag.

Norros, L. (2004). Acting under uncertainty. The core task analysis in ecological study of work. Espoo: Julkaisija Utgivare Publisher.

Novalis (1929). Fragmente. Erste vollständige, geordnete Ausgabe (Hrsg. E. Kamnitzer). Dresden: Wolfgang Jess Verlag.

Oesterreich, R. (1981). Handlungsregulation und Kontrolle. München: Urban & Schwarzenberg.

Oesterreich, R. & Volpert, W. (Hrsg.) (1999). Psychologie gesundheitsgerechter Arbeitsbedingungen. Bern: Huber.Organ, D. W. (1997). Organizational citizenship behavior: It's construct clean up time. Human Performance, 10, 85–97.

Oschanin, D. A. (1976). Dynamisches operatives Abbild und konzeptionelles Modell. Probleme und Ergebnisse der Psychologie, 59, 37–48.

Parker, S., Wall, T. D. & Cordery, J. L. (2001). Future work design research and practice: Towards an elaborated model. Journal of Occupational and Organizational Psychology, 74, 413–440.

Pascha, A., Schöppe, B. & Hacker, W. (2001). Was macht Planen kompliziert? Zum Einfluss von Aufgabenmerkmalen auf die Schwierigkeit der Abfolgeplanung, Zeitschrift für Psychologie, 209, 245–276.

Pietrzyk, U., Rodehacke, S. & Hacker, W. (2014). Division of labour and Self-Reported Mental Requirements in Human Services: Retail Sale Jobs. Psychology, 5, 1224–1238.

Pietzcker, F. & Looks, P. (2010) (Hrsg.). Der aufgabenbezogene Informationsaustausch – zeitweilige partizipative Gruppenarbeit zur Problemlösung. Reihe Mensch-Technik-Organisation, Band 45. Zürich: vdf Hochschulverlag AG an der ETH Zürich.

Pritchard, R. D., Kleinbeck, U. & Schmidt, K.-H. (1993). Das Managementsystem PPM. Durch Mitarbeiterbeteiligung zu höherer Produktivität. München: Beck.

Rasmussen, J. (1983). Skills, rules, and knowledge: Signals, signs, and symbols other distinctions in human performance models. IEEE Transactions on Systems, Man and Cybernetics 3, 257–266.

Rasmussen, J. (2001). Nuclear power and societal problems in risk management. In B. Wilpert & N. Itoigawa (eds.), Safety culture in nuclear power operations (pp.19–36). London: Taylor & Francis.

Rau, R. & Buyken, D. (2015). Der aktuelle Kenntnisstand über Erkrankungsrisiken durch psychische Arbeitsbelastungen. Ein systematisches Review über Metaanalysen und Reviews. Zeitschrift für Arbeits- und Organisationspsychologie, 59, 113–129.

Rau, R. & Göllner, C. (2018). Rahmenmodell der Arbeitsintensität als objektiv bestehende Anforderung. Arbeit, 27(2), 151–174.

Rau, R., Morling, K. & Rösler, U. (2010). Is there a relationship between major depression and both objectively assessed and perceived demands and control? Work and Stress, 24(1), 1–18.

Rau, R. & Richter, P. (1996). Psychophysiological analysis of strain in real life work situations. In J. Fahrenberg & M. Myrtek (eds.), Ambulatory assessment. Computer-assisted psychological and psychophysiological methods in monitoring and field studies (pp. 271–285). Seattle: Hogrefe & Huber Publishers.

Resch, M. (1999): Arbeitsanalyse im Haushalt. Zürich: vdf Hochschulverlag AG an der ETH Zürich.

Resch, M. (2003). Analyse psychischer Belastungen. Verfahren und ihre Anwendung im Arbeits- und Gesundheitsschutz. Bern: Huber.

Richter, P. (1994). Job content and myocardial health risks – consequences for occupational prevention. In M. Vartiainen & V. Teikari (eds.), Change, learning and mental work in organizations. Report No. 157. Otaniemi: University Press.

Richter, P. & Hacker, W. (1998; 2014). Belastung und Beanspruchung. Heidelberg: Asanger.

Richter, P., Hemmann, E., Merboth, H., Fritz, S., Hänsgen, C. & Rudolf, M. (2000). Das Erleben von Arbeitsintensität und Tätigkeitsspielraum – Entwicklung und Validierung eines Fragebogens zur orientierenden Analyse (FIT). Zeitschrift für Arbeits- und Organisationspsychologie, 44, 129–139.

Rigotti, T. (2016). Psychische Gesundheit in der Arbeitswelt. Störungen und Unterbrechungen. Dortmund: Bundesanstalt für Arbeitsschutz und Arbeitsmedizin.

Roe, R. A. (1999). Work performance: A multiple regulation perspective. In C. L. Cooper & I. T. Robertson (eds.), International Review of Industrial and Organizational Psychology, 14 (pp. 231–335). New York: Wiley & Sons.

Roetzel, P. G. (2018). Information overload in the information age: a review of the literature from business administration, business psychology, and related disciplines with a bibliometric approach and framework development. Business Research 12, 479–522. doi:10.1007/s40685-018-0069-z.

Roitzsch, K., Hacker, W., Pietrzyk, U. & Debitz, U. (2012). How do German SMEs Cope with the increasing need for flexibility? In: Advances in Decision Siences, Article ID569076, doi:10.115/2012/569076.

Rowe, P. G. (1987). Design Thinking. Cambridge, M. A.: MIT Press.

Rubinstein, S. L. (1958). Grundlagen der Allgemeinen Psychologie. Berlin: Volk und Wissen.

Rühle, R. (1979). Inhalte, Methoden und Effekte der Analyse und Vermittlung operativer Abbilder bei Bedientätigkeiten der Mehrstellenarbeit. Dissertation. Dresden: Technische Universität Dresden.

Sachse, P. (2002). Idea materials: Entwurfsdenken und Darstellungshandeln. Über die allmähliche Verfertigung der Gedanken beim Skizzieren und Modellieren. Berlin: Logos.

Sachse, P. & Hacker, W. (2012). External procedures in design problem solving by experienced engineering designers – methods and purposes. Theoretical Issues in Ergonomics Science, 13(5), 603–614.

Sachse, P. & Specker, A. (Hrsg.) (1999). Design Thinking. Analyse und Unterstützung konstruktiver Entwurfstätigkeiten. Reihe Mensch-Technik-Organisation, Band 22. Zürich: vdf Hochschulverlag AG an der ETH Zürich.

Schank, R. O. (1982). Dynamic Memory. Cambridge: Cambridge University Press.

Schaubroeck, J. & Merrit, D. E. (1997) Divergent effects of job control on coping with work stressors: The key role of self-efficacy. Academy of Management Journal, 40, 738–754.

Schmidt, K-H. & Hollmann, S. (2003). Handlungsspielräume als Ressource bei der Arbeit. In K.-H. Schmidt & J. Wegge (Hrsg.), Förderung von Arbeitsmotivation und Gesundheit in Organisationen (S. 181–196) Göttingen: Hogrefe.

Schmidt, S., Roesler, U., Kusserow, T. & Rau, R. (2012). Uncertainty in the workplace: Examining ambiguity and role conflict, and their link to depression – a meta-analysis. Europe J. Work and Organizational Psychology, DOI: 10.1080/1359432X.2012.711523.

Schönpflug, W. (1985). Goal directed Behavior as a Source of Stress: Psychological Origins and Consequences of Inefficiency. In M. Frese & J. Sabini (eds.), Goal Directed Behavior: The Concept of Action in Psychology (pp. 172–188). Hillsdale N. J.: Erlbaum.

Schulz-Dadaczynski, A. (2016). Strategien im Umgang mit Zeit- und Leistungsdruck – Anpassung statt Reduktion. In I. Fritsche (Hrsg.), 50. Kongress der DGPs in Leipzig. Lengerich: Pabst.

Schulz-Dadaczynski, A. & Junghanns, G. (2014). Gefordert unter Druck? Anforderungen und Zeitdruck bei qualifizierter Dienstleistungsarbeit. Journal Psychologie des Alltagshandelns, 7(2), 20–36.

Schweitzer, A. (1971). Verfall und Wiederaufbau der Kultur. In A. Schweitzer, Gesammelte Werke (S. 17–94). Berlin: Union-Verlag.

Seidler, A., Steputat, A., Drössler, S., Schubert, M., Günther, N., Staudte, R., Kofahl, M. & Hegewald, J. (2018). Determinanten und Auswirkungen von Informationsüberflutung am Arbeitsplatz. Ein systematischer Review. Zentralblatt für Arbeitsmedizin, Arbeitsschutz und Ergonomie, 68(1), 12–26.

Seligman, M. E. P. (1975). Helplessness. San Francisco: Freeman.

Seligman, M. E. P., Railton, P., Baumeister, F. & Sripada, C. (2013). Navigating into the Future or Driven by the Past, Perspective Psychological Science, 8(2), 119–141.

Semmer, N. (1984). Streßbezogene Tätigkeitsanalyse. Weinheim: Beltz.

Smith, G. & Browne, G. J. (1993). Conceptual foundations of design problem solving. IEEE Transactions on Systems, Man and Cybernetics, 23, 1209–1219.

Sträter, O. (2019). Wandel der Arbeitsgestaltung durch Digitalisierung. Zeitschrift für Arbeitswissenschaft, 73(3), 252–260.

Stroebe, W. & Diehl, M. (1994). Why groups are less effective than their members: On productivity losses in idea-generating groups. In W. Stroebe & W. Hewstone (eds.), European Review of Social Psychology, 5, 271–303. London: Wiley.

Szollos, A. (2009). Toward a psychology of chronic time pressure: Conceptual and methodological review. Time & Society, 18, 332–350.

Tomaszewski, T. (1968). Schema einer psychologischen Analyse der Berufe. In W. Hacker, W. Skell & W. Straub (Hrsg.), Arbeitspsychologie und wissenschaftlich-technische Revolution (S. 139–152). Berlin: Deutscher Verlag der Wissenschaften.

Tomaszewski, T. (1978). Tätigkeit und Bewußtsein. Beiträge zur Einführung in die polnische Tätigkeitspsychologie. Weinheim/Basel: Beltz.

Tomaszewski, T. (Hrsg.) (1981). Zur Psychologie der Tätigkeit, Positionen und Ergebnisse polnischer Psychologen. Berlin: Deutscher Verlag der Wissenschaften.

Tschan, F. (1995). Communication enhances small group performance if it conforms to task requirement: The concept of ideal communication cycles. Basic and Applied Social Psychology, 17, 371–393.

Tschan, F. (2000). Produktivität in Kleingruppen. Bern: Huber.

Tschan, F. (2002). Ideal cycles of communication (or cognition) in triads, dyads, and individuals. Small Group Research, 33, 616–643.

Ulich, E. (2011). Arbeitspsychologie. 7. Auflage. Zürich: vdf Hochschulverlag AG an der ETH Zürich/Stuttgart: Schäffer-Poeschel.

Ullman, D. G., Dittrich, T. G. & Stauffer, L. A. (1988). A model of the mechanical design process based on empirical data. AI EDAM, 2, 33–52.

Unsworth, K. L. & Parker, S. K. (2003). Proactivitiy and innovation: Promoting a new workforce for the new workplace. In D. Holman, T. D. Wall, C. W. Clegg, P. Sparrow & A. Howard (eds.), The new workplace. A guide to the human impact of modern working practices (pp. 175–196). Chichester: Wiley.

Verbruggen, F., McLaren, I. P. L. & Chambers, C. D. (2014). Banishing the Control Homunuculi in Studies of Action Control and Behavior Change. Perspective Psychological Science, 9(5), 497–524.

Visser, W. (1994). Organisation of design activities: opportunistic with hierarchical episodes. Interacting with Computers, 6, 239–274.

Volpert, W. (1987). Psychische Regulation von Arbeitstätigkeiten. In U. Kleinbeck & J. Rutenfranz (Hrsg.), Enzyklopädie der Psychologie, Arbeitspsychologie, Band 1 (S. 1–42). Göttingen: Hogrefe.

Volpert, W. (2003). Wie wir handeln – was wir können. Ein Disput als Einführung in die Handlungspsychologie (2. Aufl.). Sottrum: Artefact-Verlag.

Vroom, V. M. (1964). Work and Motivation. New York: Wiley.

Wall, T. D., Jackson, P. R., Mullarkey, S. & Parker, S. K. (1996). The demand-control model of job strain: A more specific test. Journal of Occupational and Organizational Psychology, 69, 153–166.

Warr, P. B. (1990). Descision latitude, Job demands and employee well-being. Work & Stress, 4, 285–294.

Wegge, J. (2004). Emotion in Organisationen. In H. Schuler (Hrsg.), Enzyklopädie der Psychologie – Organisationspsychologie Band 3 (S. 715–791). Göttingen: Hogrefe.

Wendsche, J., Hacker, W., Wegge, J. & Rudolf, M. (2016). High Job Demands and Low Job Control increase Nurses' Professional Leaving Intentions: The Role of Care Setting and Profit Organization. Research in Nursing and Health, 39(5), 353–363.

West, M. A. & Farr, J. I. (1990). Innovation at work. In M. A. West & J. I. Farr (eds.), Innovation and creativity at work: Psychological and organizational strategies (pp. 3–13). Chichester: Wiley.

Wetzstein, A. & Hacker, W. (2004a). Verbalisierende Reflexion und Lösungsgüte beim Entwurfsdenken. Zeitschrift für Psychologie, 212, 152–166.

Wetzstein, A. & Hacker, W. (2004b). Reflective verbalization improves solutions – The effects of question – based reflection on design problem solving. Applied Cognitive Psychology, 18, 145–156.

Wieland, R., Klemens, S., Scherer, T. & Timm, E. (2004). Moderne IT-Arbeitswelt gestalten. Anforderungen, Belastungen und Ressourcen in der IT-Branche. Hamburg: Techniker Krankenkasse.

Wiener, N. (1963). Kybernetik. Regelung und Nachrichtenübertragung in Lebewesen und in der Maschine. Düsseldorf: VDI-Verlag.

Winkelmann, C. (2005). Die Fragetechnik für den Konstrukteur: Eine fragenbasierte Unterstützung der frühen Phasen des konstruktiven Entwurfsprozesses. Regensburg: Roderer Verlag.

Winkelmann, C. & Hacker, W. (2006). Innovationsverbesserung: Nützen Fragetechniken zur Ergebnisbewertung auch berufserfahrenen Produktentwicklern? Zeitschrift für Arbeitswissenschaft, 60 (1), 27–36.

Winkelmann, C. & Hacker, W. (2011). Generic men-technical procedures in design problem solving: Is there any benefit to the clarification of task requirements? Int. J. of Technology and Design Education, 21(4), 395–407.

Würzburger, T. (2019). Die Agilitätsfalle. München: Vahlen.

Yukl, G. (2010). Leadership in organizations (7th ed). Upper Saddle River, N. J.: Prentice Hall.

Zapf, D. (2002). Emotion work and psychological well-being. A review of the literature and some conceptual considerations. Human Resource Management Review, 12, 237–268.

Zijlstra, F. R., Roe, R. A., Leonora, A. B. & Krediet, I. (1999). Temporal factors in mental work: Effects of interrupted activities. Journal of Occupational and Organizational Psychology, 72(2), 163–185.

Zok, K. & Dammasch, H. (2012). Flexible Arbeitswelt: Ergebnisse einer Beschäftigtenbefragung. In B. Bandura, A. Ducki, H. Schröder, J. Klose & M. Meyer (Hrsg.), Fehlzeitenreport 2012. Gesundheit in der flexiblen Arbeitswelt: Chancen nutzen – Risiken minimieren (S. 39–52). Berlin: Springer.

Zysno, P. (1998). Vom Seilzug zum Brainstorming: Die Effizenz der Gruppe. In E.-H. Witte (Hrsg.), Sozialpsychologie der Gruppenleistung (S. 184–210). Lengerich: Pabst.